感動と豊かさに満ちた人生にする

# ほんとうに幸せな投資

Towards yourself 4.0

株式会社インベストメントパートナーズ
代表取締役
川口一成

ダイヤモンド社

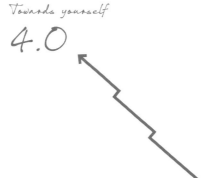

# 感動と豊かさに満ちた人生にする
# ほんとうに幸せな投資

## 目次

Chapter 3

## あなたは、あなたの「生き方」に投資すればいい

Contents Let's invest in a way of life

Prologue

# お金はあるけど幸せを感じないほんとうの理由

# 資産運用は、生きるための手段であって目的ではない

いま、この本を手に取ってくださったあなたは、普段、電車やバスを利用して、通勤したり用事で出かけたりすることがあるのではないかと思う。

電車に乗る機会があれば、一度、周囲を見渡してみてほしい。あなたの乗っている車両に、何人ほどの乗客がいるだろうか。二〇人、三〇人……、大都市の地下鉄なら五〇人、六〇人がひしきめき合っているだろう。そのうち、自分より明らかに年上だと思われる人が何人いるか、確実に年下だと見える人は何人いるか、ざっと見比べて数えてみてほしい。

すると、ほんとうにいま、日本は「高齢化社会」の只中にいるのだとわかるはず

だ。車両の中には、あなたより年上の世代がかなりいることに気づくと思う。明らかにリタイアした人と、まだ現役でいそうな人が混在している。

私は、ここ数年、平日の昼間にスーツや革靴を身につけて地下鉄に乗っている人より、カジュアルなウエアやシューズを着用している人のほうが少しずつ増えてきたと感じている。働き方改革が進み、この先、仕事や働き方の多様性は進むだろうが、現在の日本の人口構成からいっても、現役をリタイアした人は今後ますます増えていく。

地下鉄に乗っただけでも、そんな社会のなかで、だいたい自分がどのあたりの位置に立っているかもわかるはずだ。会社の定年退職時や、自分がリタイアすると決めている時期まで、すでに一〇年を切っている人もいれば、「人生百年時代」の長いキャリアのなかで、そろそろ折り返し地点にいると実感している人もいるだろう。

通勤時間帯には、さすがにスーツを着ている人たちが目立つ。ときには、就職活動をしている学生や外国からの観光客もたくさん車両の中にいて、彼らは若く、元気で、楽しそうに見える。

あなたはいま、彼らと同じように、生き生きと過ごしているだろうか。年上の世代と若い世代を両方眺めながら、ふと、こんなことを思うことはないだろうか。

この先、日本はどうなるのだろうか。

自分は命を全うするまで幸せに暮らせるのだろうか——と。

なかには、長く生きれば生きるほど、かえって不幸になりはしないかと、不安に駆られる人がいるかもしれない。

日本は、先進国のなかでも、国民自身が幸福だと思う気持ちがとても低い国として評価されている。国連が発表した「世界幸福度ランキング２０１８」によると、日本の「主観的幸福度」は世界で五四位。

これは、国連が一五六カ国を対象に行った調査で、その結果は二〇一二年から発表されており、今回で六回目の報告ということになる。各国で約千人に対して行われた調査で、それなりに精度の高いランキングといっていいだろう。

このランキングは、「所得」「健康と寿命」「社会支援」「自由」「寛容さ」などの要素を基に導き出されたもので、今回、日本は前年のランクをさらに下げた。G7ではもちろん最下位という低さである。年齢が高くなるにつれて幸福度が上がっていく国がある一方で、日本ではどんどん下がっていく。

経済的には満たされている先進国の一つなのに、国民が幸福を感じにくい国。このギャップこそ、日本の大きな社会問題といえるのではないだろうか。現在、不安があるから、あるいは将来の不安を払拭《ふっしょく》したいから、人はお金を増やそうと思い、お金で不安を解消しようとする。

図表1　世界幸福度ランキング（抜粋）

| | | | |
|---|---|---|---|
| 1 | フィンランド | 18 | アメリカ |
| 2 | ノルウェー | ⋮ | |
| 3 | デンマーク | 36 | スペイン |
| 4 | アイスランド | ⋮ | |
| 5 | スイス | 54 | 日本 |
| 6 | オランダ | ⋮ | |
| 7 | カナダ | 86 | 中国 |
| ⋮ | | ⋮ | |
| 15 | ドイツ | 156 | ブルンジ |
| ⋮ | | | |

2018年、国連発表

では、一つ、あなたに改めて考えてほしいことがある。「人は、お金さえあれば、幸せになれるのだろうか」という問いだ。

おそらく多くの人は、長い人生のなかでお金は重要な要素だと考えている。加えて、

「公的年金制度だけでは心配だから……」

「増税によって手取りの収入が減りそうだから……」

「マイナス金利の状況で、貯蓄だけでは不安すぎる……」

「何歳まで生きるかわからないし、最期《さいご》まで元気かどうかもわからないし……」

など、将来に対する不安があるので、できるだけお金を増やそうと思っている。

お金を増やすこと自体が、資産運用の目的になっているのではないだろうか。


私は、資産を運用してお金を増やそうとするのは、確かに「手段」ではあるけれども、決して「目的」にはならないと考えている。

というのも、私は長い間のうちに、こんな人に多く出会ってきたからだ。


「人よりお金があるのに、自分が幸せだと感じていない」人。

「幸せかどうか感じる暇もないほど忙しい」人。


彼らの多くが、人にあこがれられる職業に就き、年収が高かったにもかかわらず、

だ……。

職業や収入に対する世間からの価値観と、その人が幸せに感じるかどうかは別の問題のようだ。収入が高くても、将来に不安が強かったり、忙しいだけの毎日に押しつぶされていたり、自分の未来も家族との楽しい時間も思い描けないでいる人の多くは、いまの自分を、そして未来の自分を、幸せだと思えないでいるのだろう。

## 幸せな人生は、お金だけでは手に入らない。生きる目的が必要である

二〇〇六年、私は大阪で株式会社インベストメントパートナーズ（以下、ＩＰ社）

を設立した。同社は、長期ビジョンに立った資産運用を成功させたいと思う個人や法人のために、満足度の高い資産設計サービスを提供する会社だ。

現在、ＩＰ社の代表取締役を務める私は、社会人としてのスタートをガソリンスタンドで働くことから始めた。建設会社で土木作業員をしたこともある。

私自身が大きく成長したのは、およそ十年間勤めた、某不動産デベロッパーだった。その当時は、毎日寝る間も惜しんで知識を吸収し、収益型不動産のコンサルタントとして働いた。最年少でマネジャー、ゼネラルマネジャーになった。

ほんとうに朝から晩まで働きづめで、多くの成果を上げ続け、給料をたくさんもらい、家族を養った。

仕事に打ち込み、家族をしっかり守っていた私の人生は、一般的にいえば、幸せなはずだった。だが、時々、「このままでいいのだろうか……」「私はこれでほんとうに幸せな人生を送っているのだろうか……」という不安が押し寄せていた。

お客さまや部下たち、つまり「私にかかわるすべての人」が幸せになっているのか？……という疑問も押し寄せていた。

クライアントの資産にかかわる仕事をしていながら、自社の利益を上げることが最優先で、クライアントの大切な人生に、ちっとも寄り添っていないのではないだろうか……。

私のお客さまは、確かに資産が増えたけれど、それによってほんとうに幸せになられたのだろうか……。

私は、自分はもとより部下たちにも休日もなくガリガリと働かせている。そんなブラックな労働環境に、目を背けていていいのだろうか……。

私の部下たちは、私とともに働きながら自分の人生を幸せだと感じ、これから未来に向かって前向きに歩き続けていけるのだろうか……。

「幸せ」にまつわる一抹の不安や疑問が、時々押し寄せてきては大きくなるのだった。

ＩＰ社を創業してからは、高度な専門職に就き、高収入の方、ビジネスで成功し

人は、お金さえあれば、
幸せになれるのだろうか。

ている方、親から承継した事業を堅実に成長させている方……などにたくさん出会ってきた。彼らは、傍《はた》から見れば順風満帆な人生のように思える。けれど、そんな彼らも実は、かつての私のように、そして、この本を読んでくれているあなたと同じように、日々大きな不安や不満を抱えていた。

「毎日、忙しすぎて、自分の未来のことなんて考えられない」
「目の前の仕事をこなすだけで精いっぱいだ」
「家族と過ごす時間もなく、心苦しい」
「売り上げはそこそこあるのに、支出や税金の支払いが多すぎて残らない」
「いつも頭の中は従業員の雇用や会社の運営でいっぱいで、心に余裕がない」
「貯金はあっても、資産運用を考える時間も方法もない」
「誰を信頼してアドバイスを受けたらいいのかわからない」

そんな声をどれだけたくさん聞いたことだろう。お金があっても、社会的地位があっても、精力的に忙しく活動していても、未来が不安で、不満が尽きない。幸せを味わえないでいる。

と同時に、資産運用や投資についての一般的な知識もあまりもっていなかった。どんな手を打ったら、不安や不満が解消できるのかわからない。それをアドバイスしてくれる専門家が周囲にいないのだ。

私は確信した。高所得者であっても、「お金がある」だけでは、幸せになれないのだ、と。

では、どうしたら幸せになれるのだろうか。あるいは、不安や不満をもたずに生き続けられるのだろうか。私には、この本を読んでいただいているみなさんに、一つだけ伝えられる「答え」がある。

それは、「人生の目的」を見つけることだ。

こんな人生を送りたい。

こんなゴールに向かって働きたい。
こんな夢を実現したい。

未来に向かって「人生の目的」さえ確実に見据えていれば、そこから「逆算」して、いまの仕事にどう取り組むかがはっきり見えてくる。人生の目的があり、目指すゴール像があれば、幸せの実現やゴールへの到着に必要な、資金形成や投資に対する土台も決まる。この「逆算」ができているかどうかが、幸福感を大きく左右する。

あなたにお尋ねしたい。あなたはいま、自分の人生の「ゴール」が見えているだろうか。どんなゴールを目指したいのか、わかっているだろうか。

# 生きる喜び、悔いのない人生を生きるための資産運用を

初めて社会に出て働き始めたころは誰でも、この仕事を通して成長したい、技能を修得したい、社会に貢献したい、収入を増やしたい、家族を幸せにしたい……などと思ったはずだ。

だが、およそ四〇歳になるころだろうか、長いキャリアの折り返し地点位に近づく。そのころには、仕事を始めたときに描いていた目標や成果を、ほぼ達成できていることに気づくはずだ。

そこで、はた、と気づく。不安の種が一粒、芽生えてくる。この先も、いままでの繰り返しなのだろうか。いままで以上の夢は、この先にあるのだろうか。新たな夢や目的がないまま、人生を終えていくのだろうか……、と。

還暦や定年が近づいたり、あるいは親世代を見送ったり子どもが独立したり、人生の節目に差しかかることで、それ以降の人生についてさまざまな疑問や不安が押し寄せてくることもあるだろう。

現実的にいえば、高齢になればなるほど人生の「選択肢」はだんだん少なくなっていく。それがひしひしと、自分に迫ってくるのを感じる。

そんなときに、一度立ち止まって、あなたの人生の目的がそもそも何なのかを考えてみてはどうだろう。

人生の目的？　いま、従事している仕事を全うすること？　家族と幸せに暮らすこと？

それだけだろうか。

人生の目的は、社会人になった「入口」とか、生き生きと働いている「途中」で見つかるとはかぎらない。働き続けてきて、現在の仕事が、人生の目的を実現するための理想形とはかぎらない。むしろもっと以前、仕事に就く前の「生育歴のなか」に、人生の目的の端緒があったはずだと私は考えている。

ＩＰ社のコンサルティングの大きな特徴の一つとして、「ライフウェイク」（41ページ参照）がある。これはクライアント自身に、これまでの人生を思い出し、人生の浮き沈みを視覚化することで、価値観や人生観を振り返ってもらう自己分析法、コーチングメソッドだ。

働いていくなかで、人生の目的が鮮明になる人も、見えなくなる人も、見るのをやめてしまう人もいるだろう。人生の途中がどうであっても、将来、この世を去るときにはできるだけ、無念や後悔のない人生にしたいものだと、誰もが思うはずだ。あれをしておけばよかった、こんな生き方をしてきて失敗だった、などと誰もがそんな気持ちで、人生を終えたくない。

お金に振り回されることなく、働くことに意味と誇りがあり、生きることが最高に楽しい人生になれば、幸せだろうし、無念も後悔もなく、この世にピリオドが打てるはずだ。

人生の目的は、いつのまにか見失ったり、意識せずに毎日を過ごしていたりしたとしても、途中で「再設計」することができる。再設計して人生の目的を掲げ、ゴールを決める。その目指すゴールから逆算した生き方、働き方を考えればいいのだ。

自分の人生の
「ゴール」が見えているだろうか。
どんなゴールを目指したいか、
わかっているだろうか。

それを実現するために必要な資産設計と資産運用をサポートしていくのが、ＩＰ社のミッションだ。

ＩＰ社で多くの方々の人生の目的を聞き出し、コンサルティングをしていくなかで、「ほんとうは、こんな人生を送りたかったんだ」「私はこんなふうに働きたかった」などと、軸足が固まった何百人ものクライアントと出会うことができた。

みな、生きる目的を再確認し、働く意味を考え、目的達成に向けてどう働くか、いかに資産運用するか、新たな道を歩み始めた。そうなると、もう不安に苛《さいな》まれることはなくなった。

あなたはこれまで、資産運用や投資の目的を、「お金を増やして、不安や不満を解消すること」「いま手元にある資産を最大化すること」と考えてきたかもしれないが、実はそれは違う。

投資とは、金融商品や不動産といった「モノ」に対するのではなく、一人ひとりの「生き方」に対してすべきものだと、私は考えている。その生き方やゴールを実現する適切な資産運用の詳細や専門的なことに関しては、プロの力を借りればいいだけのことだ。

私がこの本を書いた動機と結論を先に書こう。

幸せな人生は、お金だけでは手に入らない。「生きる喜び」があり、「働く先に夢がある」と、人は幸せになれる。最期まで悔いのない人生を生ききれば、人は幸せだと思える。

そんな日々を送るための人生設計、資産設計をしてみませんか、と伝えたくて、私はこの本を書いた。

これまでたくさんのクライアントをサポートして、不安のない、悔いのない、充実した人生を「再設計」するのに伴走してきた。そんな人をもっともっと増やしたいと思ったから、私は、この本を書くことにしたのだ。

あるクライアントは、自分一人で一億円を稼ぎ出す開業医で、年収は四〇〇〇万円だった。あなたは、そんな彼の人生をうらやましいと思うのではないだろうか。何の不安もないに違いないと思うのではないだろうか。

そんな彼の納税額は一四〇〇万円を超えている。あなた自身の身に置き換えてみてほしい。払わなければならない税金が毎年一〇〇〇万円以上もあると想像するだけで、その重みと息苦しさを感じるのではないだろうか。

彼が医師となったのは、「医療を通じて、地域の役に立ちたい」と思ったからだという。つまり、彼の人生の目的、仕事の原点は、「医療者として地域へ貢献したいから」だった。その目標を実現すべく、がむしゃらに働いてきて、現在に至った。高い売り上げがあるということは、彼の目的が叶って、地域に役立っていることの証左でもある。ほんとうに立派な人生を、意欲的にこれまで送ってきたのだ。

だがいま、高齢化が進むなかで、彼が働く地方都市の人口はどんどん減っている。この先もさらに減ることが予測されている。「地域消滅時代」のまっ只中で、彼のビジネスである市場も消滅するリスクがある。

つまり、「医療を通じて、地域の役に立ちたい」がために働いてきた彼の人生が、風前の灯になる時期が遅かれ早かれ、目の前に迫ってきたということだ。

いまはまだいい。しばらくは、ビジネスが安定しているだろう。だが、将来、患者さんがどんどん減っていけば、その分、クリニックの経営は難しくなるかもしれないし、いまのような収入は得られないかもしれない。子どもにあとを継いでほしいとはいえない状況になるかもしれない。

だからといって、目先のコストを下げるために、医療の質を落とすわけにはいかない。自分は、医療を通じて地域へ貢献するために生きているのだから、いい加減な仕事はできない。

ビジネス上の閉塞感と、医師としての志の間で悩み、彼は揺れ動き、どうしたらいいのか考えあぐねていた。

その開業医は、ＩＰ社のコンサルティングを受けて、人生の目的を再設計した。

「患者さんが最後の一人になっても医療を続ける」

「社会構造の変化で経営規模がいまより小さくなっても、医療の質は下げない」

「地域に貢献する医療者として人生を全うする」

これらを目的として再設計した。そして、それを遂行するために、クリニックの事業収入がこの先にたとえ減ったとしても困らない、ずっと働き続けられるだけの資産設計を考えることにした。

それまで、この開業医は、リタイア後にこれぐらいのお金があれば、という発想で、キャッシュ型の資産設計をしてきた。忙しかったせいもあるだろうが、預貯金をしておく程度でしか考えてこなかった。

ＩＰ社とパートナーシップを組んでからは、「地域医療の質を落とさないための資産設計・運用」をゴールに設定し、海外投資や金融商品などフロー型の投資商品の組み立て方に変更した。

彼は現在も、これまでどおり地域一番の開業医として、相変わらず忙しい毎日を送っている。だが、そこにはもう以前のような不安はない。未来に向かって幸福をかみしめながら働いている。本業での収入とは別に資産を運用し、将来に備えて「お金」にも働いてもらっているからだ。

人生の目的があること、不安も心配もないことが、彼の幸福度を上げた。

資産運用・投資というキーワードを出せば、「株式投資」「不動産投資」「ＦＸ」「生命保険・年金保険」など、資産運用・投資商品をすぐ連想するのではないだろうか。証券会社や保険会社の窓口で、「資産運用を考えたい」と相談すれば、早速なんらかの商品説明が始まるに違いない。

これは資産運用とは、何か資産運用「商品」に投資すること、という思い込みが日本中にあるからだ。

しかし、資産運用・投資を具体的に決める行為は、資産運用を体系的に考える全体像のわずかな部分でしかない。

資産運用・投資を考えるうえで最も重要なことは、資産運用の「目的を考え」、資産を運用することで実現する「将来のビジョンをイメージし」、それを具体的に「計画する」思考だからだ。

つまり、本来の投資とは、金融商品や不動産といった「モノ」ではなく、あなたが実現したいと考える「生き方」に対して行うものである。それを、この本で伝えていきたいと考えている。

最後のページに辿り着くときにはきっと、あなた自身の「ほんとうに目指すべき道」が見えてくることを願っている。

幸せな人生は、
お金だけでは手に入らない。
「生きる喜び」があり、
「働く先の夢がある」と、
人は幸せになれる。

Chapter 1

# なぜ私は、「どこにもない資産運用会社」をつくったのか

# 憤りという感情に支配されていた昔の自分を振り返る意味とは

映画『スター・ウォーズ』には「フォースの暗黒面（Dark side of the Force）」という言葉が出てくる。恐れや怒り、憎しみ、攻撃性など暗い感情から力を引き出すことが描かれている。

どんな人でも、過去の自分に生じた暗黒面、直面したくなかったダークサイドはあったと思う。いまは、それに封をしているかもしれないけれど。

私のこれまでの人生を振り返ってみると、怒りや憤《いきどお》りと葛藤という暗黒面が、大きな節目にあった。それをまず、あなたに読んでいただこうと思ったのは、どうしようもなかったダークサイドこそが、後のインベストメントパートナーズ（ＩＰ社）

の創業や、現在、クライアントに満足していただいている資産運用に関するコンサルティングに大きな影響を及ぼしているからだ。

「子ども時代を振り返ってみる」という行為は、自分がどんな人生を送りたいと思っているのか、胸の奥に刻んだ夢は何か、といったことを再発見するのと同じことだ。

私は四〇歳のときにライフウェイク（これまでの人生を思い出し、人生の浮き沈みを視覚化することで、価値観や人生観を振り返る自己分析の手法）を行ったことで、自分自身と会社の大きな転機を迎えることになる。私自身だけでなく、ＩＰ社の社員も当社のクライアントもみな、ライフウェイクを通して自分の子ども時代を振り返っている。

ここでは、私のヒストリーを書いてみたいと思う。少しお付き合いいただきたい。

# 後に自分を苦しめることになる、不動産業を営む父への強いあこがれ

ティーンエイジャーから二十代にかけて、私はものすごく憤っていた。父にも、母にも、社会にも。そして憤っている自分を、もてあましていた。

私の両親は、いまどきの夫婦に比べれば、ずいぶん若くして出会った。

父は二〇歳、母は一八歳で結婚し、一九七四年に私が生まれ、四年後に妹が誕生した。私は、大阪府と京都府の中間にある枚方《ひらかた》市で生まれ、そこで育った。

父は当時、大阪府吹田《すいた》市で不動産業を営んでいた。売主と買主に不動産を仲介する仕事だ。父は、精力的に働いていた。仕事がある平日は、いつも朝早く出かけ、帰ってくるのは午前様。たまの休日は、ゴルフに出かけることが多く、家に居たことはほとんどなかったように記憶している。

仕事にも遊びにも意欲的で、楽しそうに生きている父の姿は、私の目にはとても格好よく映っていた。幼稚園に通っていたころ、七夕のイベントで、短冊に「スーツを着るお仕事がしたい」と書いたのをよく覚えている。私は父にあこがれていたので、子ども心に、父のように生きてみたい、働いてみたいと思っていたのだろう。

父への強いあこがれ、これが私のベースにあり、それゆえにあとで苦しむことになるとは、このときには知る由《よし》もなかった。

父は、組織で生きるより、自分の才覚で勝負するタイプの人だった。

「頼れるのは自分の力や」

「一般的な会社員になったって、ろくなことはないぞ」

「人に使われる人間にはなるなよ」

そんな父の考えを、幼い私にすり込まれていった。私が後に経営者になれたのは、子どものころに父に「強くなれ」と言われたせいかもしれない。

スーツを着て働く男の代表が、父だった。

けれど、私はごく平凡な子どもで、良くも悪くも「目立ちたい」という気持ちが薄かった。小さいころは発育が遅く、同世代の友だちとうまく付き合えなかった面もあった。決しておとなしい性格ではなかったものの、極端な恥ずかしがり屋の面はあったと思う。

たとえば、ウルトラマンごっこをするとしよう。たいていの子どもは、ヒーローのウルトラマンに扮したがるものだが、私はアンチヒーロー派で、むしろ怪獣の役目を引き受けた。

近所に住んでいた友だちのほとんどが年上だったせいか、私は子ども心に年上を立てることを覚えた。私の住んでいたエリアは、少々ガラの悪いところだったので、年上の子どもが怖かったせいもある。その時代のその地域には、校内暴力が盛んだったころの余韻が漂っていた。

# 父の〝学校嫌い〟に隠された過去の悲しい出来事

小学生のころ、空手の稽古を始めた。私には心臓肥大の傾向があり、医師には運動を止められていたが、どうしても空手をやってみたいと思ったのだ。近所の子どもたちが習っていたし、父にもやってみろとすすめられ、そのうちに強くなって認められるようになった。

でも組手をすると、年上にはなかなか勝つことができず、文字どおりボコボコにされた。空手の大会で、賞をとったこともあるが、相変わらず目立ちたいという気持ちは薄く、強い子どもには到底なれそうになかった。

父はことあるごとに「学校の先生の言うことなんか聞くな」と言った。随分、個性的な育て方をしていたのだと、いまになってつくづくと思う。

私は、学校自体が嫌いなわけではなかったが、両親ともに「勉強しろ」とか「よい成績をとれ」と言うような、子どもを鼓舞するタイプではなかったせいか、授業がよくわからなくても焦りはしなかったし、のほほんとしていた。

父は、真面目に勉強することに対して、斜めに見ていた傾向がある。それには、父の複雑な生い立ちが影響していると思う。

父の父、つまり私の祖父は、裕福な家の婿養子に入った。だが、妻、つまり私の祖母は、夫と息子を置いて家を出てしまったのだ。

父には何が起きたのかわからなかったに違いないが、自分たちを残して出ていった母を、常に恨みながら成長したのだと思う。父が早く実家を出たいと思ったのは、そんな家の居心地が悪く、早く独立したかったからではないだろうか。

だからこそ、独立後の父は、それまでの暗黒面を払拭して、生き生きと楽しく働いていたのだ。いや、楽しく働くことで、足元をすくわれないようにしていたのかもしれない

# 母の家庭づくりに漂っていた重い空気のワケ

母が一八歳の若さで父と結婚したのも、複雑な生い立ちが関係している。母は、上に四人の兄がいる家庭の末っ子で、毎日兄たちの喧嘩ばかり見て育ったという。母方の祖父は酒癖が悪く、常に家の中が緊張感に包まれていたそうだ。だから父と同じように母も、居心地の悪い実家から早く出たいと思ったのだ。そうしているうちに若くして父に出会い、母は就職することなく結婚して主婦になった。

現在、母は七十代となった。もともと社交的な性格で、若いころは、自宅に友だちを招いてはよく遊んでいたという。結婚生活を営みながらも交遊を楽しむ、そんな華やかな若い時代を謳歌したあと、二七歳で私を産んだ。

いま思えば、母は、子どもらしい子ども時代を送ることができず、世間知らずで大人になったという意味で、アダルトチルドレン（機能不全家族で成長した場合、大人になっても生きづらさを抱えている状況やそういう人）だったのかもしれない。

仕事で忙しすぎる父とは直接的な触れ合いの時間が少なかった分、私は日々の暮らしでは母の影響を受けた。母も、やかましく勉強をしろとは言わないものの、生活の細かい部分で子どもを押さえつけようとする傾向が多少はあった。私にはそれが少々窮屈で、自由にさせてくれる父とかかわるほうが好きだった。

いま振り返って思えば、母は自分が苦労して育った分、結婚してよい家庭をつくらなければと、肩に力が入りすぎていたのかもしれない。

そういった意味では、私の家庭には、一種の暗さや重苦しさのようなものがうっすらと漂っていたように思う。

こんなふうに、自分の生い立ちを振り返ってみると、自分はこんな家、こんな家族の下に生まれ育ったのだと、改めて分析することができる。私は、家系図をつくり、父や母がどういう生い立ちだったのか、どういった壮絶なエピソードがあったのか、一族の悲しみがどうつながってきたのか、などを調べることで、両親のことを少しでも理解することができた。

心理学でいうところの「内観」（心または精神を支配する法則を見出すため、自分自身でおのれの心または精神の働きを観察する過程）をしたからこそ、両親を理解し、後に創業する会社の理念をつくることになるのだが、子ども時代にはひたすら、目の前の日常を生きるしかなかった。

## 中学三年生の私に突然降りかかった、父の突然すぎる死

私が中学校に入学すると、それまでとは変わり、父は「しっかり勉強しろ」と言

うようになった。数年後には、息子は社会人となる。就職した会社でさまざまなスキルを学び、家業に生かしてほしいと思っていたのかもしれない。

父の励ましのおかげか、中学校時代の成績は上昇し、そこそこの進学校に行けそうなレベルになった。

でも私は、漠然とではあるが、進学するよりも、早く社会に出たいと思っていた。当時の私は、まずはどこかの会社に入社して修業をし、いずれは開業して、父のように不動産業の経営者になりたいと思っていた。

決して華やかな未来像や志望ではないかもしれないが、大人像・社会人像のベースはいつも最も身近な存在だった父にあった。父以外に、私のお手本はなかった。その生き方に影響を受け、それが航海図ともなった。

父が帰宅すると、たとえ夜中であろうと必ず跳び起きて父の話を聞いた。不動産仲介とはどんな仕事か、豊かさとはどういうことか、努力して金を稼ぐ意味など、父は疲れていたはずなのに、快く何でも教えてくれた。その父とのやり取りが私にとっての等身大の教育になった。

「晴天の霹靂《へきれき》」とはこういうことをいうのだろう。私が一五歳、中学三年生のとき、父が「肝臓がんで、余命三カ月」と宣告された。告知はしなかったが、父は自分でそれなりに余命を知ってはいたと思う。

私が一六歳のとき、父は四四歳で亡くなった。あまりにも若すぎる最期だった。ちょうど現在の私の年代に、父は人生の終焉《しゅうえん》を迎えたのだ。自分のことを考えれば、想像もできない。こんなに若いのに、まだ子どもも小さいのに人生を終えるとは、どんな悔しかっただろう。どんなにか後ろ髪を引かれながら、あの世へ旅立ったのだろう。

大好きだった人が亡くなると、私の心の奥底からは「怒り」が噴出してきた。父が元気になってほしい、生きていてほしいと祈っていたのに、私の祈りは届かなかった。いわば神様に裏切られた、見捨てられたという思いが、壮絶な怒りになって私の心を満たしたのだ。

「父が死ぬ」という事実を、私はまったく受け入れることができなかった。悔しかった。憤った。失望感があふれ、攻撃的になり、強烈な被害者意識にとらわれた。
毎日深い闇の底に沈んでいた。
私は絶望していた。もう私は、父のようになれない。——と。

## 父の死後、生きる楽しみも目的も失くして途方に暮れる日々

父の葬儀の日、晴天だった空は一転にわかにかき曇り、大嵐になった。祭壇に飾ってあった父の遺影が吹き飛んだほどである。嵐のなかを、不動産仲介の同業者たちが参列し、母が泣きながら応対していた。

この葬式のシーンは、私の家族に起きた悲しみの連鎖であり、心に刺さっている

「棘《とげ》」の一つだ。棘を抜き、許すことができれば、攻撃的だった性格も穏やかになる。

いまでこそわかることだが、当時は誰もの胸が棘だらけだった。

父が亡くなってからの私は、勉学にほとんど興味がもてなくなり、スポーツすら楽しむ気になれなくなった。視界に入る何もかもが暗く見え、気晴らしになるものは、一つもなかった。

父が経営していた会社は清算され、その遺産で家族三人が暮らすようになった。父ががんばって働いてくれていたから、いくばくかの財産が残っていたのは幸いで、ほんとうにありがたいことだった。

高等学校に入学しても、勉学に力は入らなかったし、深い話ができる友だちもいなかった。時々、隠れてアルコールや煙草に溺れ、ふてくされてバイクを盗んで捕まったこともある。

「お父さんがおらんと思って……」

泣きながら父の墓に行く母を見ていると、これ以上母を悲しませることはできないし、グレることすらできないじゃないか、と思った。

多感な時期に父を失い、このやりきれなさを、どこで発散させたらいいのか、私は途方に暮れていた。

周囲には、気軽に相談できる友人、信頼できる大人はいなかった。伯父には「どんなに気持ちがやさぐれても、反社会的な組織には絶対入るな。真面目に働け」とだけ諭された。

## ほんとうは大学に行きたかったのに、社会人になることを選んだ心の矛盾

いま、当時の自分の置かれた状況を振り返ってみると、なぜそこまで激しく落ち込んだのだろうと不思議に思う。

魂が満たされなければ、人は能動的に動くことも、前向きに生きることもできな

い。私は、父の生き方を目指そうと思って生きてきたのに、父の早すぎる死によって、生きる目標を突然見失ってしまった。自分がどう生きたいのかを考える機会も、大切なアドバイザーも、失くしたのだ。

父がいなくなったという現実は私に、残された母や四歳下の妹を自分が支えていかなければならないという責任感を植えつけた。まるで足かせをはめられたような気分に陥った。

ただ、私自身に「自分は長男だから」という思いがあったのも事実だったし、周りから「お前は長男だから、しっかりしろよ」と期待されてもいた。だから、早く一人前になって母と妹を安心させたいと思っていた。

そして、まだ成人にすら達していない年齢にもかかわらず、「子ども時代」を自ら卒業しようとした。

高校の担任教師には「奨学金を受けて大学で勉強したらどうだ」とすすめられた。内心はうれしかったのに、断った。せっかく社会に出て働くと決めた私の心を迷わせるな、とさえ思った。

いまでこそ、高校時代に教師たちが与えてくれた教育や励まし、愛情に感謝しているが、当時は、その存在すら突き放していた。

できれば早く働いてほしいという、母の期待を感じたこともあり、大学に通っていつまでもスネかじりの身でいる場合じゃないと、自分の未来に蓋をしたのだ。

よく働き、よく遊ぶ、派手な生き方をしていた父のようになりたい、強くなりたいと思いつつ、「私たちを支えて」と欲する母の期待に応えて、やさしい人間として責任を果たしたいと思った。私の心は矛盾し、危なっかしかった。

私は、その後、長く長く、彷徨《ほうこう》することになる。何をしても空回りで無力感に苛《さいな》まれもした。あきらめにも似た感情が私を支配し、羅針盤を失った船のように漂い、心が沈んだ。神様から裏切られたと絶望し、世の中でうまく生きていけないことに憤っていた。

自分の人生をどう生きたいのか、自分でわからない。

自分が何をしたいと思っているか、答えが見つからない。

そんな人生は寂しい。ましてや人生経験の少ない子どもは混乱する。

この本を読んでくださっている人のなかには、自分の子ども時代はもっと不幸だったという人もいるだろうし、親が亡くなったぐらいで、何をそんなにへこたれているんだと思う人もいるかと思う。

私の十代は、あるときは絶望し、あるときは手探りをしながら、ひたすら暗い闇を歩いた時間だったと思う。渦中にあるときは、ひたすら波にもまれ、溺れないように必死に手足を動かしたり、あるいは絶望して虚無感に襲われていたりする。まったく先は見えず、暗い道の出口がどこにあるか想像すらできなかった。

だが、ゴールが見えない苦しさを体験したからこそ、私は後に「人生のゴールを設計する」という事業を手がけることになるのだ。私の人生の目的や仕事の原点は、実はそこに潜んでいた。生育歴のなかに、後の仕事の原点や人生の目的がある、と、この本の冒頭で述べたのは、そういうことだ。

高校生だったころの私は、家のために、母や妹のために働かなくてはならない、大学へ進学している場合ではない、と思い込んでいたけれど、私は四十代になってからライフウェイクをしたときに、自分が蓋をしたときのほんとうの気持ちを思い出した。「大学へ行きたかった」のだ。

あとになってから自分が歩んできた人生を振り返り、隠していたほんとうの気持ちをきちんと思い出すことができたのはよかった。家族が経済的に翻弄されるような状況では、家族の幸福度は上がらないことも改めて胸に刻んだ。

そんなふうに、過去の自分が何を感じ、どんな行動をしたのかをじっくり振り返ってみることはとても重要なのだ。

自分一人では、そんな振り返り作業が難しいと思うなら、信頼できるコンサルタントにサポートを依頼し、コーチしてもらえばいい。

IP社のスタッフはみなライフウェイクを行っているし、クライアントにもしていただく。ライフウェイクで導き出したお互いの情報を交換するだけの信頼関係を、コンサルタントとクライアントは築いている。

人生を振り返る、信頼できるメンターをもつ。勉強をする。そんなことで、自分の本質が見えてくるし、人生に安心できるようになる。

もし、あなたがいま、不安を抱えているなら、それを直視して不安の正体をつかむことだ。いまのまま生きていくと、その先にどうなるか、想像の翼を広げてみることだ。

私は、家庭で唯一の収入源をもっていた父を、若くして失った。大学に進学しようと思えば、父の残した財産や奨学金で、なんとか行けなくはなかったのだろうが、私はあきらめた。大人でも子どもでも誰にとっても、お金の備えが不安だったり、不足していたりすると、人生の選択肢が狭まってしまう。

それは実に不幸なことだ。それを若くして体験したからこそ、合理的な資産形成がどれだけ重要かという考えが私の根っこに宿った。だから後に、資産運用の仕事を始めるのだ。

こんなふうに、あなたが現在している仕事も、あなたの若い時代にそのルーツが潜んでいる。あなたの職業選択や働き方は、過去のどこかの地点で芽吹いている。若いときに何に憤り、何を悔しがったか、何をしそこなったのか、どんな夢を抱いていたのか――。大人になってからでいい、人生の節目の時期でもいい、改めてそれらを掘り起こしてみるといい。それが未来の生き方を決める鍵となることが多

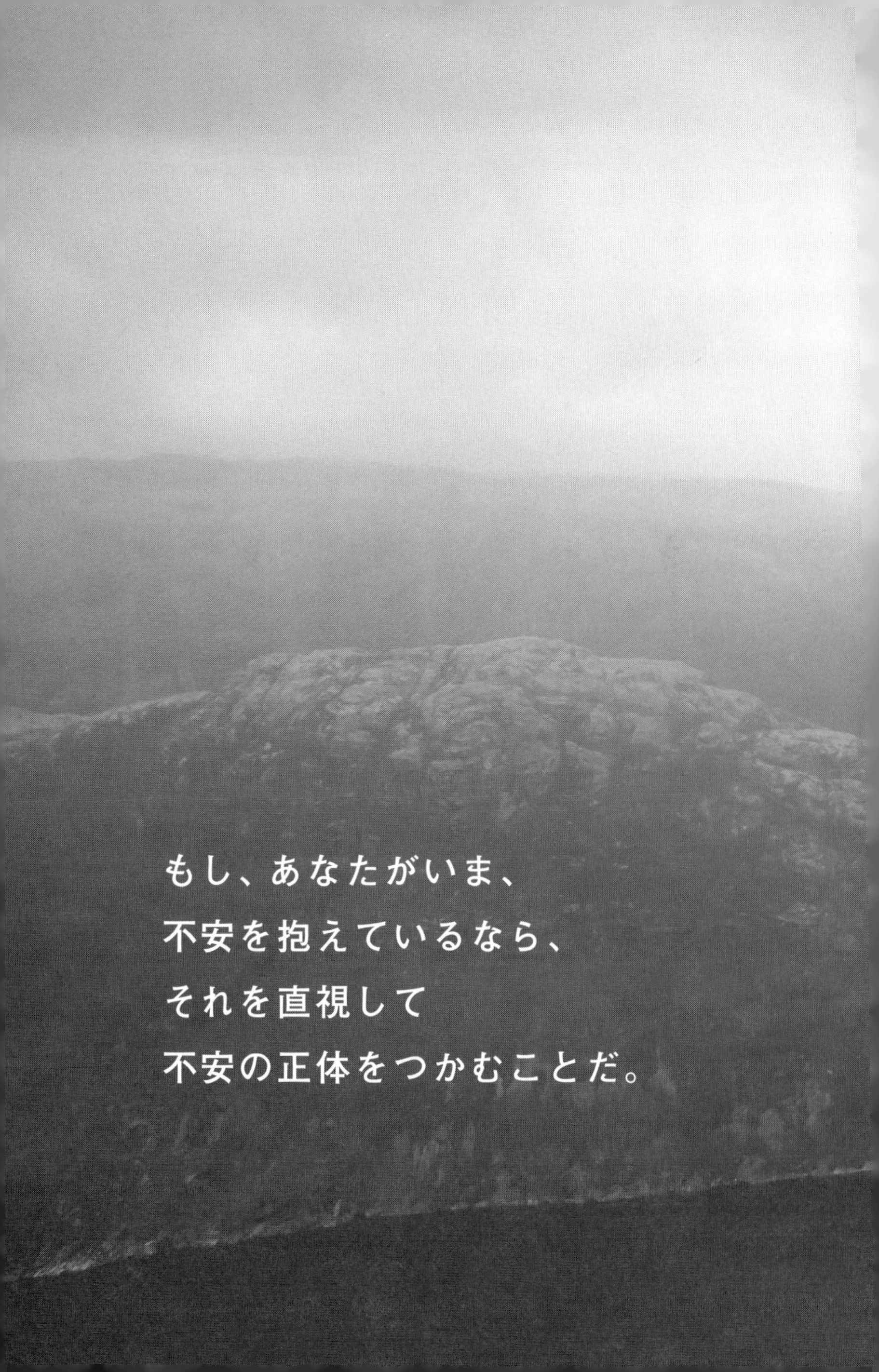

もし、あなたがいま、
不安を抱えているなら、
それを直視して
不安の正体をつかむことだ。

いからだ。

あなたの子ども時代にも、あなたがこれからどう生きるべきなのか、どう働くべきなのかを示す芽があったはずだ。

## サービス業に向かないと気づかされたガソリンスタンドでの仕事

私は、大学に進学したいという気持ちに蓋をして、就職する道を選んだ。お金を稼ぐことで、母を安心させてやりたいと思っていたからだ。

高校を卒業したころ、私の身長は一七八センチになったが、体重はいまより一五キロも軽い。大人の入口の、細い体軀だった。

最初に就職したのは、高校に紹介されたガソリンスタンドを経営する会社だ。父に「人の言うことを聞くな」と言われて育った私が、お客さまとのコミュニケーションが欠かせないサービス業に、なぜ就職してしまったのだろう。

就職したからといって、急ににこやかに笑って「いらっしゃいませ！」なんて言えるわけがなかった。

生意気で、ふてぶてしい物言いをする新入社員に、お客さまからのクレームが殺到した。ところが、上司も先輩もいい人で、こんなに生意気な私に愛情をもって接してくれた。しかし、問題児の私を根気強く諭してくれた先輩がいたにもかかわらず、私はそれをありがたいと思うどころが、まだとんがっていて、傷ついていて、情緒不安定なままだった。自ら望んで就職して、社会人になっているのに、おそろしく子どもじみていた。

ガソリンスタンドの仕事は、正直そんなに好きではなかったけれど、上司や同僚たちが好きだったので、一生懸命働いた。

ある日、どういう事情だったかは忘れたが、上司に「サービスを競うコンテストに出てみろ」とすすめられ、出場することにした。

結果は最下位。見事にビリだった。正直にいうと、自分なりにサービスに努めたつもりなのだが、人から見るとそうは映らないのか、と、そっちのほうに大きなショックを受けた。

このコンテストが引き金になって、私はガソリンスタンドで働くことをあきらめた。自分はサービス業に向いていない、と、たった一年で仕事を放り出してしまったのだ。なんと無責任で、無自覚だったのだろう。

一九歳になり、母の知り合いのつてで、枚方市の建設会社に転職することになった。

「母や妹のために働かなければ」という思いだけが、幼稚だった私の原動力だった。

# 二つ目の職、建設会社で味わった〝生きること〟に対する虚無感

建設会社勤務というと聞こえはいいが、実態は「とび職」だ。危険を伴う現場で命をかける気がなければ、就かないほうがいい仕事かもしれない。

ともかく毎日怒鳴られながら仕事を覚えた。チンピラみたいなおっさんが上司だった。飯場でスカウトされた人が集まり、一年中、現場を渡り歩いている人も少なくない。現場の上階にいる先輩からハンマーが降ってくることもあれば、ジャッキを持って暴れる人もいた。なかなか想像を絶する職場である。

しかし、不思議なことに、こんなに酷い職場でも、慣れてくると人は麻痺するもので、気づけばこの現場で二年ほど働いた。

生活のために働いてはいるものの、何のために生きているのだろうと思うことが日々募っていった。だが、ここでは、働く意味なんて、見出しようがなかった。

毎日働くだけでは「自分の平静」を保つことができないので、お酒を飲んだり、朝まで出歩いたりしていた。文字どおり、現実逃避をしていたのだ。

実家を出て一人暮らしをする選択肢もあったものの、母と妹を置いて家を出ることに罪悪感があり、実家での暮らしが続いていた。何も変わらない、変えられないまま、光が射さない池の底に沈んでいるかのようだった。

そのころ、高校の同級生たちは大学に通学していて、みなおしゃれなファッションに身を包み、学生生活を謳歌していた。

その一方で、私は一人、ニッカボッカのおっさんたちとともに、大きなビルから小さな住宅まで、たくさんの現場で働いては、現実から目を背けたい一心で飲み歩いていた。

自分がこうありたいと思っていることと、目の前の現実が一致していない。それでは情緒不安定になるばかりだ。そんな私にアドバイスしてくれる人もいなかった。

計算したわけではなかったが、私はある考えに辿り着く。誰かにすすめられて決めた会社ではなく、いっそのこと、自分で会社を選んで、そこで働いてみるのはどうだろう。私はそう思いついたのだ。

そこで、学校の先生に推薦されたのでもなく、母のつてでもなく、人生で初めて自主的に就職活動を行い、建売住宅を建設して販売しているY社に入社することとなった。

## 不動産業を渡り歩き、独立開業の大海原へ飛躍

不動産を扱う仕事にしようとしたのは、この業種なら、父と同じように熱く仕事

ができるかもしれないと思ったからである。だが、一リットル何百円のガソリンを販売することさえ難しかった私に、一軒何千万円もする建売住宅がすんなり売れるわけがなかった。

結果が出ない理由を、客が悪い、物件が悪い、タイミングが悪い、運がない……などと、自分以外のすべてになすりつけては自己嫌悪に陥った。

そのY社を去ったあとは、今度はすべてのしがらみを断ち切るように実家を飛び出し、大阪市内で就職先を決めた。一九九七年、二三歳のときに、マンションの建設・販売を行う不動産デベロッパーS社に入社した。親元を離れることも、大阪市に住むのも初めてで、社宅扱いのワンルームマンションに引っ越した。

S社では、分譲マンションの建設・販売部門ではなく、思いがけないことに投資用物件を扱う部門に配属された。

そこでは強烈な成果主義が貫かれていた。まるで「死んでも勝つ」といわんばかりの熱気で満ちあふれていた。働いているというよりも〝戦っている〟という表現のほうがしっくりくるような雰囲気だった。

ここで、強烈なボスに出会った。ボスは、どんなに高い目標でも困難な状況でも、あきらめることなく徹底的にやりきる男だった。自分に厳しい分、部下にも怒号を飛ばし、高い目標を求めてくる。現在であればブラック上司と称されるに違いない働き方なのだが、非難されるようなことはほとんどなかった。

私は、この鬼のような上司に、褒められて成長した。そのうち「自分も、逃げずに戦わなければ」と強い気持ちが湧いてきた。月に一、二軒は売らなければいけないハードなノルマのなか、物件は、おもしろいように売れた。新人社員のなかでは、いち早くトップセールスになり、半年後には、全社中三位の営業成績を打ち立てた。

人間の向上心とは、実に単純なのだと思う。仕事がおもしろくなってくると、さらに成績を上げたいがためにいろいろ工夫する。同僚たちと、営業成績を上げるための自主的な勉強会もしたほどだ。

「努力は人を裏切らない」が口癖のボスの言葉に感化された。一生懸命あきらめずに働けば、結果はついてくる。苦しい壁を超えた先には感動が待っている。心身ともにへこまされた父の死から、すでに一〇年が経っていた。

独立開業することになったボスについて、設立されたばかりの新しい不動産会社K社に移った。

K社では、初めて管理職になった。すると、自分のことだけ考えているわけにはいかない。営業課長としてチームを率いることに、慣れない苦労をするようになった。だが、真面目で素直な若い後輩と触れ合うと、彼らのひたむきな姿に、悪い意味で仕事に慣れていた自分を見直すことができた。

二六歳のときに、一歳下の女性と結婚して、娘も生まれていたが、相変わらず夜中の一時、二時にしか帰れない生活が続いていた。自宅で四時間ほど寝てまた出社するという生活を繰り返し、一年間に休めたのは、わずか五日程度という仕事漬けの日々を送っていた。

子育てと家事は妻に任せきりとなったが、その分、仕事に集中した。会社はまたたくまに急成長し、開業後五年で売上高を百億円台に乗せた。

二八歳で私は営業部長になった。二〇〇〇年代前半、日本経済は「失われた十年」

と呼ばれ、多くの企業の業績が低迷し、就職氷河期として若者に苦難を強いた。K社も浮き沈みを繰り返し、億単位の負債を抱えることもあれば、海外のファンドバブル（バブル崩壊後、地価下落で安く売却された不動産を、国内外の不動産投資ファンドが買収。それが周辺の地価を押し上げている現象）に救われたこともあった。

このK社に勤めた九年間は、私に「ここで日本一働いた」「仕事をやりきった」という自信と自負を与えてくれた。時代や境遇に負けない強さと生命力を身につけることもできた。

自分にも世の中にも絶望し、がんばっても報われないと殻にこもっていた私は、K社時代に鍛え直され、生き直すことができた。

がんばって働くことで得られる感動が、父を亡くしたあとの喪失感を払拭してくれた。

あきらめかけていた人生を再び直視し、挑戦する姿勢に変えてくれたのだ。

長い彷徨の時代を終え、今度こそほんとうに、自分の足で歩いていく覚悟ができた。そして、私は、「独立開業」という大海原に漕ぎ出すことにした。

# 生きる意味、働く意味を気づかせてくれた、人に尽くす医師たち

一般的な商品を販売する仕事やサービス業には、笑顔や柔らかな接客態度が必要なのかもしれない。が、S社やK社で働いていた私には、そんな能力以上に、クライアントの人生に対する考え方や内に秘めた思い、仕事への動機や情熱、社会的な使命、現状の課題と未来への展望、定年後への考えなどを聞き出し、腹を割ってシビアな話をするスキルが重要だった。

クライアントの多くは裕福な人たちで、主に医師だった。実は、医師たちに出会ったことが、この後、私が独立開業する礎《いしずえ》となっていく。

彼らのなかには、代々医業の家に生まれた人もいれば、身近な人の病気やけがが、

入院や手術などの体験を通じて医師を志した人もいる。

医師としてひとくくりにできないほど、彼らの働く現場も専門分野も多種多様なのだが、多くの医師たちに共通しているのは、小さなころから「医師になる」という夢を抱き、勉強や研究、数々の試験、技術習得に努力を積み重ねてきた姿勢である。

ある医師は、「少しでも寝たきりの人を減らしたい」と考えていた。だから、日々の診療時間を終えたあとも、たとえ自分が疲れていたとしても、病院のオペレーションの変革方法を考えていたり、手術後のリハビリのシステムを充実させ、病院に長居せずにすむようなシステムをつくったりしていた。

地方都市で地域医療を担っている医師もいた。人口減少が続く地方都市では、将来、患者数が減り、医院の経営が成立しづらくなるリスクをはらむが、その医師は「地域に患者に高品質な医療を提供し続ける」と固く決心して働いていた。地域への貢献意欲は並大抵なものではなく、自分の報酬ではなく、公共や社会のためにこそ自分を生かすという意思が強かった。

こうして私は、たくさんの医師に出会い、話を聞いていくうちに、「生きる意味」

や「働く意味」を考えるようになっていった。

## 日々の仕事に忙殺されて、資産運用を考える余裕がない医師の現実

どんな専門分野であれ、医師や歯科医師たちはみな誰もが、確固とした働く目的をもっていた。

この治療をしたい、この病気を治したい、医療を通して社会に貢献したい……。医師として働き、医師として生きる意味と意義に、私は真正面から触れることができた。

それまでの私は、仕事は生活のため、収入を得るために働くのだとしか考えてい

なかった。だが、医師たちは違った。

自分の生活や収入の前に、医師という職業を選んだ動機と目標、夢が必ず存在している。そして、彼らはみな「自己肯定感」が高く、自分の仕事に誇りをもち、社会に対して自分が絶対的に必要とされているという自信がある。

自分のためだけでなく、他人のため、社会のため、未来のために働いている人がいることを知り、私は目が覚めるような思いがした。

仕事とは、人生とは、こうあるべきなのだ、と。

一般に、医師という職業は、世間にはどう映っているだろうか。

尊敬され、社会から必要とされ、高度な知識と経験が必要な専門職……。あるいはお金持ちになって、悠々と毎日を過ごしている……。そんなイメージではないだろうか。

医師たちは、たいてい過酷なスケジュールのなかで働いている。だから、医師に電話をかけるときには、外来診療の午前中を避け、午後や夜など応対可能なスケジュールを考えながらアプローチをする。

話を聞いてくれる人もいれば聞いてくれない人もいるが、勤務医であれ開業医であれ、電話の向こうで彼らが仕事に忙殺され、時間に追い回されていることはすぐ理解できた。

医師は、職場で医療行為をしているだけではない。日々変化する医療や専門領域の勉強を続けていかなければならず、医師としての切磋琢磨《せっさたくま》は一生続く。医師という職業のすごろくの「あがり」は先の先、はるか彼方だ。

開業医ともなると、経営者としての業務に相当の時間を取られる。他にも、スタッフの採用や教育、将来の事業承継、アクシデントがあればその都度対応が迫られる。そして、生命にかかわる仕事ゆえに、ストレスも半端ではない。

朝から晩遅くまで働き続ける。そんな忙しい毎日のなかで、しだいに医師たちは「自分自身の未来」をじっくり考える余裕をなくしていく。いま、自分が幸せなのかどうか確認すらしていないようにも感じられた。

普通は、四十代、五十代と年齢を重ねていくうちに、さらにその先をどう生きるか、やり残したことはないかなどと、自分の人生を振り返る時間をもったほうがいいのだ。だが、医師はとにもかくにも、仕事に忙殺されすぎていて、人生を振り返る時間がない。医師のなかには、家族と暮らす時間を犠牲にしていることを悔いている人も少なくなかった。

そんな人は、こんなふうに本音を吐露していた。

「妻に、やさしい言葉もかけてやれない」

「子どもの成長にかかわってやれない」

「家族で過ごす時間がほとんどない」

仕事に対する自己肯定感とは真逆の後悔を口にした。目先の忙しさから逃れたいから、「老後はもう何もしたくないなぁ」「ともかく、ゆっくり旅行に行きたいよ」とつぶやく人もいた。

それらの嘆きやあきらめを聞くにつれ、私は何ができるだろうと考えた。

確かに、一般的な会社員と比べれば、医師が手にする報酬は多いかもしれない。だが、開業医のなかには、スタッフに支払う報酬や経営費用、税金のために、「あれだけ収入があっても、これだけしか残らない」と悩んでいる人は少なくない。

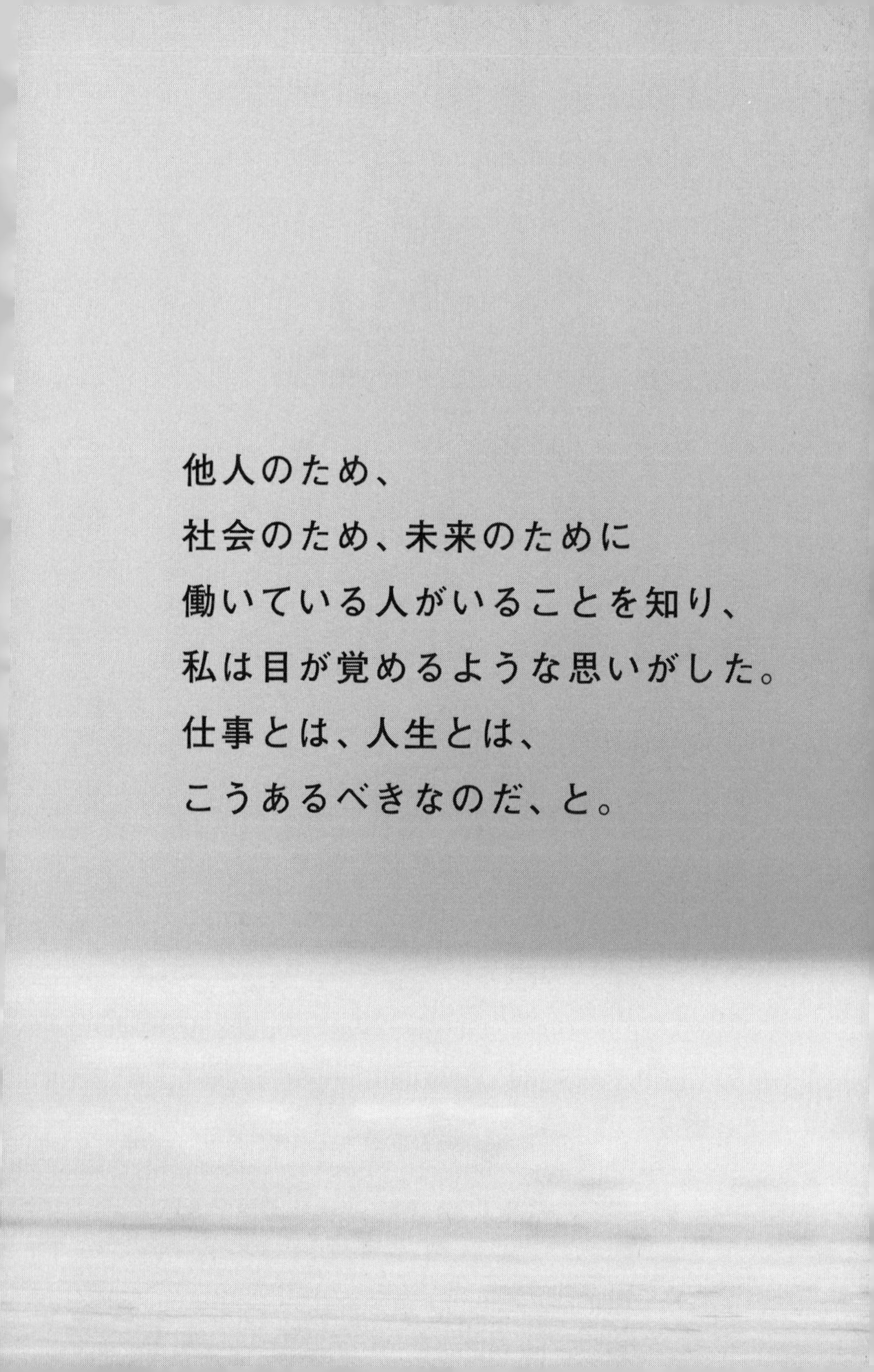

他人のため、
社会のため、未来のために
働いている人がいることを知り、
私は目が覚めるような思いがした。
仕事とは、人生とは、
こうあるべきなのだ、と。

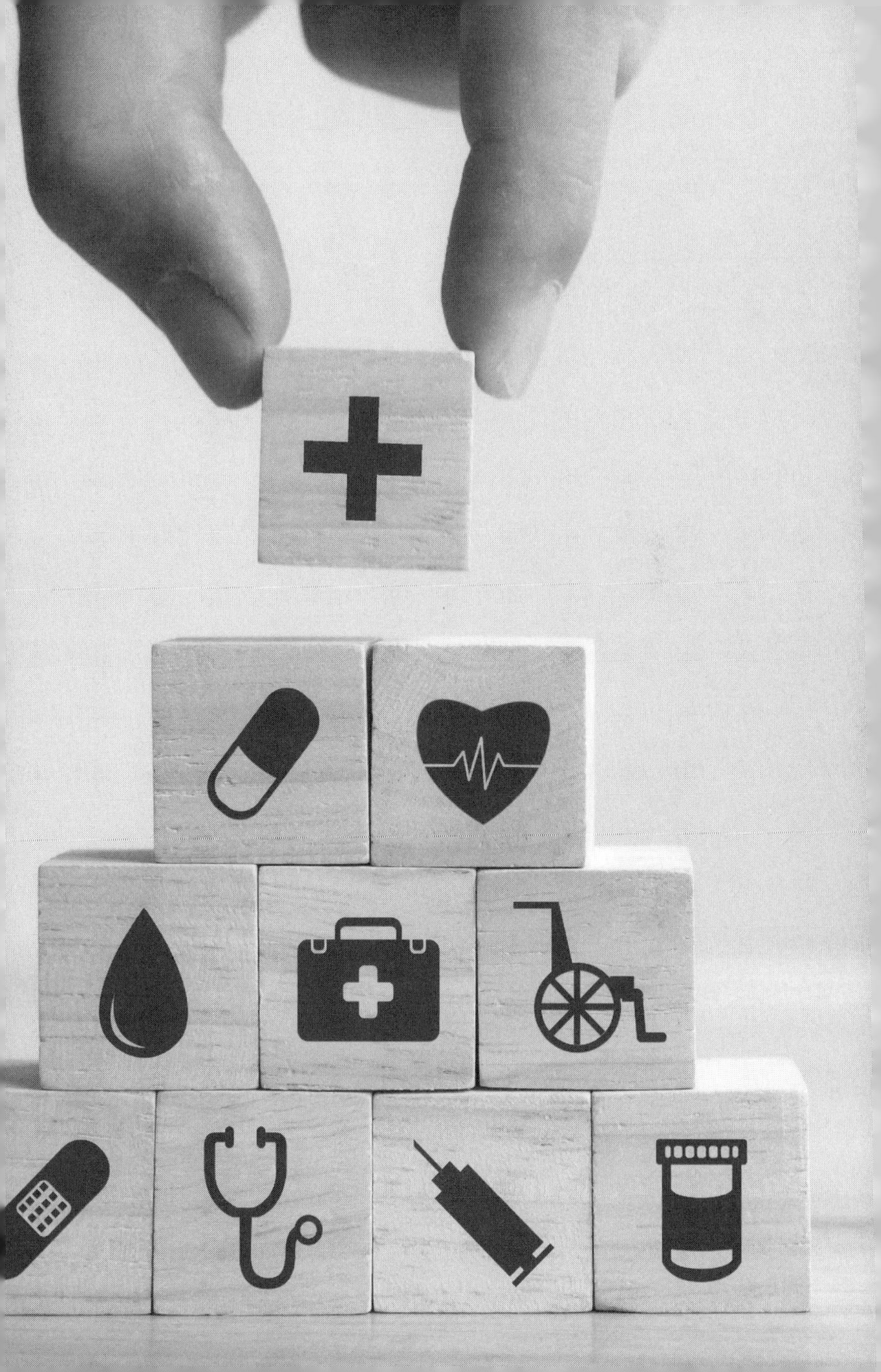

この先どうやって医院を運営していくか、自分自身が将来どのように引退するか、事業をどう承継するか……。現在の課題や未来への不安を抱えているのに、ゆっくり考える暇がない医師が大半だったのだ。

オフタイムがあっても、仕事のための研究で手いっぱいで、それ以外の勉強をする余裕はなく、資産運用の知識を学ぶ時間も少ないようだった。そのせいで、資産運用はすべて後回しにしているか、あまり考えなくてもできる簡単な預貯金だけに頼るか、誰かにすすめられるままに生命保険に加入しているような人が多かった。

職業的な知識が高い一方で、資産運用に関するリテラシー（知識と利用能力）がそれほど高くない。私はそれが気になった。そんな彼らのために私には何ができるか、真剣に考えるようになっていった。

# 仕事に真剣に取り組む医師ほど成果を上げていることを実感

仕事で医師に会うようになった当初、私は、医師たちにコンプレックスを抱いていたと思う。なぜなら、彼らはみな高学歴の高度専門職であるのに対し、いくら資産運用の専門職種とはいえ、学歴のない私は引け目を感じていたからである。

だが、私はしだいに医師たち一人ひとりに魅かれていくようになった。

仕事に対する純粋さや患者さんに向き合う姿勢、社会で果たそうとする使命。そして、仕事に真摯《しんし》に向き合う志の高さや、スケールの大きさに圧倒された。

さまざまな医師と会っているうちに、誇りをもって働き、患者さんや地域の医療にきちんと向き合っている医師ほど、成果を上げていることがわかってきた。つまり、仕事の本質的な価値を知り、それを追い求めていけば、結果は黙っていてもついてくるのだ。

努力を続けている人に会うと、私はとても刺激を受けた。彼らのためになんとかして役に立ちたいと、私自身も一生懸命勉強するようになった。

クライアントである医師に対して、最も大切にしたのは、その医師が「何をいちばん大事に考えているか」である。それを導き出すには、「観察する力」が必要で、会話中にふと見せる「その人がいちばん熱くなる瞬間」を見逃さないようにしている。

子どものころからどんな人生を送りたいと思ってきたのか。

医師を選んだ動機や原点は何か。

彼らの夢や目標、いまの課題や悩みなどを丹念に聞き出していった。

そうして医師たちに併走しているうちに、いつのまにか、私の医師に対するコンプレックスは消えていた。

# 自分の仕事を本質的に変えるきっかけになった、医師たちの生き方

医師たちと応対しながら、自分自身を振り返る機会も増えた。当時の私は、それなりの収入を得ていたが、投資全般に対する知識はまだまだだという自覚もあったため、もっと高度な専門性が必要だと痛感した。クライアントのために、もっともっと勉強しなければ、と思うようになった。

また、仕事に対する誇りはあったものの、心にひっかかっていることが一つあった。それは、不動産という高価な商品を売るときに、クライアントを強引にリードしすぎていないかという点だ。

「ほんとうに百パーセントお客さまのために、その商品をすすめているのか」と問

われたら、どこかで躊躇する自分がいた。お客さまのためではなく、自社の利益優先ではないかと囁《ささや》く内なる声が聞こえてきた。

そういった心の葛藤を抱えているうちに、しだいに一点も恥じることなく、誇りをもって仕事をしたいという気持ちが湧いてきた。

投資とはそもそも何なのか、当時の私はまだわだかまりが残っていた。

世の中には、多くの投資会社、投資商品が存在しているが、金融商品や投資商品は消費者の不安を煽って販売されることが多い。


「いまのままだと、未来は不安ですよ」

「この低金利の環境では、あなたの資産は一向に増えませんよ」

「万一に備えて、もっと保障額の多い商品が必要ではないですか」

「年金なんてあてになりません。未来は大丈夫ですか」

「支払う税金が多すぎます。この商品なら節税になりますよ」

そういったフレーズで、クライアントの不安を煽りながら投資商品を販売するのではなく、クライアントの夢や理想を叶えるための投資商品をすすめたいと、しだいに心の底から思うようになった。

これまで日本における個人の投資は、不動産や証券など「商品ありき」を大前提としてきた。まずモノありきで販売し、目先の利益を追求する。クライアントから見れば、モノに投資し、お金を最大化することが投資の目的とされた。

だが、果たしてほんとうにそうなのだろうか。資産をつくり、運用をする投資の真の目的は、「自分の人生を充実させるため」のはずだ。なのに、肝心のそこがないがしろにされている気がしていたのだ。

そんなことを考えるたび、私は若くして亡くなった父を思い出した。

四四歳で亡くなった父は、きっと「無念」を残して死んだに違いない。誰でも命があるかぎり、死は平等に訪れるものだが、死ぬときに後悔や無念を残さない生き方ができるように、それをサポートするための資産設計サービスを提供できないだろうか。

医師たちに、投資に関して専門知識を身につけて未来をじっくり考える時間がないならば、その部分を私が担い、本質的な価値を提供できれば、と思うようになった。

また、これからの長寿の時代には、定年後や退職後の時間も長い。その長い時間で必要となるであろう「お金」をどう確保するかが重要だ。その意味で、お金は、誰でもちゃんと向き合わなければならない課題なのだ。

不幸にして一家の大黒柱を失った家族は、かつての私のように、とたんに「お金」の問題に向き合わざるを得ないし、不安で覆い尽くされてしまう。

お金をコントロールできなければ、人生は振り回されてしまう。私はそれらを解決する仕事がしたいと心底思うようになっていた。

超多忙な医師の現在と未来の「幸せ」を考えることが私の営業の課題となり、それが、インベストメントパートナーズ社を創業する動機になったのだ。

## 投資は人生のビジョンを実現する手段という新しい理念

私のクライアントであった医師たちが、日々の忙しさに埋れ、投資はおろか自分の未来を考える暇もなく、家族にどこかで申し訳ないと思いながら働いていることは、述べたとおりである。

かたや、私自身も毎日夜中まで働いてきたから、家族と過ごす時間を犠牲にしていた。ひたすらノルマをこなすことしか頭になく、そんな自分の人生を評価することすらできないでいた。

営業マンとして日本一働いているという自負の裏で、人生とは何だろう、投資とは何なのだろうと、私はよく考えていた。

二〇〇六年、K社を退職した私は、大阪で株式会社インベストメントパートナーズ（IP社）を設立した。資産運用のコンサルティング、税務コンサルティング、ファイナンシャルプランニング、不動産の運用管理を主事業とする会社だ。

創業に際し、私は「投資」の概念を百八十度変えることにした。これまでの「投資」は、いま、手元にある「お金を最大化」することを目的に、金融商品や不動産などのモノを購入することだった。おそらくはいまでも、多くの人は、投資とはお金を可能なかぎり多く増やすことだと思っているのではないだろうか。

一方、IP社の新しい「投資」の概念は、以下のとおりである。

資産をつくり、運用していくことは、自分が実現したい夢やビジョンのために行うべし。モノではなく、「生き方」に投資する。

資産運用は、目的ではなく、それぞれが人生のビジョンを実現する「手段」である。

ビジネスの道義上、K社のクライアントを引き抜くことは許されないから、私はIP社を設立してから、文字どおりゼロからクライアントを開拓していった。IP

社は、中心クライアント像を「開業医」と設定している。

ＩＰ社は、資産運用は一人ひとりが希望する人生のビジョンを実現するための手段と考えている。そのため、クライアントの不安を煽るような営業は絶対に行わないし、不動産や金融の商品ありきの儲け話は持ち込まないようにしている。

不安の回避や目先の節税のためではなく、クライアント自身が幸せに思う人生を実現するために、そのビジョンを描くお手伝いをし、そのために必要な資産をどう生み出すかを、クライアントとともに考える企業がＩＰ社だ。

これこそが、他の資産運用会社、経営コンサルティング会社と決定的に違う点で、ＩＰ社だけの独自な部分である。

また、これまでに資産運用や投資の経験がない人でも、一〇年以上経験がある人と同等の考え方や思考プロセスを提供することが、ＩＰ社が提供する資産設計サービスの特徴である。

特に、医師・歯科医師を中心に、資産運用のプランニング、税務コンサルティング、ファイナンシャルプランニング、不動産の運用管理を主な事業内容としており、全国に広がるクライアントは、お金に悩んだり、振り回されたりせずに、ご自身が理想とする未来に向かってビジネスを手がけ、幸せなリタイアメントや事業承継に成功している。

クライアントには、まず深い話をカウンセリングしていただくことから始める。ご自身の「理想とする未来」をどう生きるかを明確にするため、自分の価値観や人生観を振り返る「ライフウェイク」をしていただく。

開業医のなかには、ご家族がともに医師として経営している人も多いので、ご夫婦ともに人生を振り返ってもらうことも少なくない。その後、ＩＰ社のコンサルタントと専属専門家チームで現状分析と診断を行い、クライアントの「理想未来」を実現するために必要な資金や期間を数値化し、ルールを決める。

そして、クライアントの人生観と価値観を共有したうえで、ファイナンシャルゴールを設定する。同時に、自身の人生のゴールを考えていただく。

私がうれしく、誇らしいのは、クライアントのみなさんがＩＰ社のコンサルティングを受けたあとに、幸せに働き続けられるようになったこと、不安のない人生を再設計できたことだ。

資産形成実践プロジェクトの概要はまた後に詳しく説明することにして、もうしばらく、私の話に付き合っていただきたい。

Chapter 2

# 投資とは、<br>人生のビジョンを<br>実現するための<br>手段にすぎない

# 将来の不安が払拭されれば、真にやり遂げたい人生の目的が見えてくる

ほとんど〝ブラック〟な現場で働いてきたお前が、何をいまさら人生のビジョンだの、夢や理想だの、生き方に投資するだの、きれいごとを垂れているんだと、いま本書を読んでいる人のなかには、そう思う人もいるかもしれない。

では一つ、私から質問を投げかけてみよう。

いま、自分がそれなりに満ち足りた生活ができているのに、そして家族もそれなりに幸せに過ごしているのに、なぜ人は、「さらに」お金を増やしたいと思うのだろうか。

「将来の不安」があるからだろうか。このまま働き続けても低金利の時代では預貯金は増えないだろうし、立ち上げた事業が失敗するかもしれない。確かに未来における不安要素は、挙げればきりがない。

だが、万一そんな状況に陥ったとしても、そのとき、家族の生活が維持できるだけの資金を、常日頃からの資産運用であらかじめ確保できているならば、そういった将来の不安は消え去るのではないだろうか。

不安がなくなれば、いままで無意識的に自重していた心のリミッターが外されて、本来自分がやりたかったことが心の奥底から湧き上がってくるのではないかと、私は考えている。

つまり、本書を読んでいる方に伝えたいことはこれだ。

いまとこれからの不安が何かを指折り数えるよりも、まずは自分がほんとうにやり遂げたいことは何かを先に考えてみてはどうか。

それこそが人生の、自分が生きるための意味だからだ。

いまとこれからの不安が何かを
指折り数えるよりも、
まずは自分がほんとうに
やり遂げたいことは何かを
先に考えてみてはどうか。

# ほんとうにやりたいことは、自分の人生をとことん振り返らないとわからない

開業医の方々は、先祖代々の裕福な人というより、むしろ自分一代で資産をつくった人が多い。そんな人たちには、何がなんでもお金を増やしたい、自分のお金を最大化したいと、ゴリゴリになっている人はほとんどいない。

彼らは確かに裕福そうに見える人々だが、「もっと裕福になりたい」「最大のお金持ちになりたい」と思っている人は意外に少ない。

私は、クライアントに面接をしたり、スカイプで話をしたりしながら、彼らのいまの課題と悩み、未来のビジョンなどについて深く聞いていく。

「あまりにも忙しいので、将来は、少しゆっくり過ごしたいんだよ」

「家族とともに世界旅行をしたいなぁ」

「南の島で釣り三昧の毎日を送りたい」

リタイア後に、そんな暮らしができる程度のお金は貯めておきたい。――それぐらいの夢を口にする人はとても多い。

私は、次にこう尋ねるようにしている。

「では、あなたが人生を終えて死ぬときに、いまの生活で人生をやりきったと思えそうですか？」

「もし仮に、あなたは余命五年です、と宣告されたら、いま、何をしたいと思いますか？　南の島で過ごすことですか？　世界旅行をすることですか？　もっとやり残したことがあるのではないですか？」

そんな厳しく重い質問をすると、みな、たいてい言葉に詰まる。そんなふうに突き詰めていくと、誰もが自分の人生を振り返るようになる。すると、表面的な気持ちの奥に潜んだ本質的な欲求が出てくるのだ。

「誇りをもって、さらに仕事に取り組みたい」

「もっと仕事の精度を上げてみたい」

「本業とは別に、この事業をしてみたいとかねがね思っていた」

「子どもたちの個性を伸ばす学校のような場をつくりたい」

「仕事を通して、もっと地域のために働きたい。地域貢献をしたい」

「地球環境を守り、エコな生活に変えたい」

「次世代をしっかり教育したい」

「後進を指導したい」

「家族と過ごす時間も確保できるように、働き方そのものを変えたい」


社会通念や常識、責任感から出た目的でなく、「自分が生きたいと思う生き方」や「働きたいと思う働き方」への希望が現れてくる。

理想とする仕事の仕方や現在の職業の到達点、子どものころからの夢、やり残したことや後回しにしたこと、家族への思い、チャレンジしてみたい新しい生活……。ほんとうにやりたいことは、自分の人生をとことん振り返らないとわからない。

次々と出てくる人生の目標や希望。それらを実現するために「必要な分だけの投資」をすればいいのではないだろうか。

資産運用というのは、何も手持ちのお金を最大化することを最終目標にするのではなくていい。自分が理想とする人生、希望する生き方や働き方を成し遂げるための資産をつくるだけの運用をすればいい。理想のゴールを設計し、それから逆算して、そんな生き方に必要な準備をすればいいと考えればどうだろう。

## 着実に広がりをみせる、生き方に投資するＩＰ社の理念

人によって理想や目標、人生のゴールのあり方が違うように、資産形成のプロセ

手持ちのお金を最大化することを
最終目標にするのではなくていい。
自分が理想とする人生、
希望する生き方や働き方を
成し遂げるための資産をつくるだけの
運用をすればいい。

スや手法も人それぞれである。私は、一人でも多くのクライアントが、自身にとって本質的な投資を行えるように、その投資に最適な環境を提供し、サポートするコンサルタントとして、インベストメントパートナーズ（ＩＰ社）を活用してほしいと訴えている。

具体的には、クライアントと対応するときには、大手の資産運用会社や経営コンサルタント会社ではなく、ＩＰ社でなければ得られない魅力を強く訴える。私たちのビジョンに共鳴してもらい、私たちの将来性にかけてもらうしかないのだ。

ＩＰ社を創業以来、初めて会う人に対して「あなたの人生のビジョンを描いてほしい」という言葉から始める営業が、どれだけ驚かれ、ときには否定されたことか。誰もがすぐ賛同してくれたわけではないが、一人また一人と共感し、契約をしてくれた。

大手の投資会社や金融機関からすすめられるように、金融商品や不動産などモノを「買う」のではなく、自分の生きたい人生、生き方へこそ投資するのだという私たちの企業理念が、結局はクライアントにとっても正しい道筋だと判断してくれたのだと思う。私たちの社員も超多忙な医師たちを心から応援したいと、全国を駆け巡ってきた。

クライアント一人ひとりの人生の目標が決まれば、それを実現するための計画と必要な費用が見えてくる。具体的な資産運用法は、私たちプロの知恵と力を借りればいいだけのことなのだ。

## 生き方に投資するうえで覚えておきたい「五つのゴール」とは

投資の真の目的は、自分の人生を充実させるためであり、長い人生のゴールに向かって、夢や理想を実現するためである。生き方に投資する際に必要なのは、ゴール像の設定だ。ＩＰ社が体系化した「五つのゴール」を紹介しよう。クライアントに対するカウンセリングで、それぞれの五つのゴールを明らかにしてもらう。

生き方に投資するうえで必要な五つのゴール。あなたも、自分にとってそれらがどんなゴールなのだろうと、具体的に想像しながら読んでみてほしい。

## 1．キャリアゴール

いまの職業で目指す目標だ。このゴールには、後進の育成やスタッフ教育、研究開発なども含まれるだろう。たとえ同じ医業で働いていたとしても、勤務医、開業医、専門医、研究者、教師……などによって、それぞれのキャリアゴールは異なるはずだ。

## 2．アビリティゴール

自分の才能をどうするかに関する目標だ。本業を後進に譲ったり、事業承継をどうするかは誰にとっても考えるポイントだ。現役からリタイアしたあとに、経営コンサルタントとして活躍したい、セミナーの公演や執筆活動をしたい、と考える人もいるだろう。

## 3. ドリームゴール

子どものころからの夢を思い出してみよう。人生で一度はやってみたいと思っていたこと、行ってみたい場所、日頃は忘れていても、心の奥底に眠らせてきた夢があるはずだ。いつかはしてみたいと思っていて、後回しにしていたことは何だったろうか。ドリームゴールは、人によって大きく違うはずだ。

## 4. ファミリーゴール

家族とともに実現したい夢だってあるだろう。海外に移住したい、妻とロングステイしたい。国内外への旅行や趣味、スポーツを楽しむことを人生の最後半に残している人は少なくない。場合によっては、体力のあるうちに始めないと果たせない夢もある。

## 5．ソーシャルゴール

これは、社会貢献や自己超越のジャンルだ。地域に貢献する活動、ボランティア活動、財団設立、ＮＰＯ運営……。才能ある豊かな人なら、本業の仕事以外に何がほんとうに大切かを問うと、「社会に貢献したい」「人の役に立ちたい」と、やさしい心が開花するものだ。

自分が生きたいと思う生き方に必要な投資をすればいい。命を全うするときに後悔のない、最高の死に方ができればいい。人生のビジョンを考え、五つの理想のゴールから逆算し、そこに向かって、合理的な資産形成をすれば、お金は自然と未来の希望につながっていく。

自分は、ほんとうは何をしたいのか、真正面から考えたことのある人は、どのくらいいるのだろうか。あなたも、これまでの自分を振り返ってみてほしい。そして、これからの自分を想像してほしい。

なんとなくいまの仕事を続け、リタイア後の具体的な過ごし方を決められないでいる、いや考えるのを先延ばしにしている人は、案外多いのではないだろうか。

図表2 人生の5ゴール

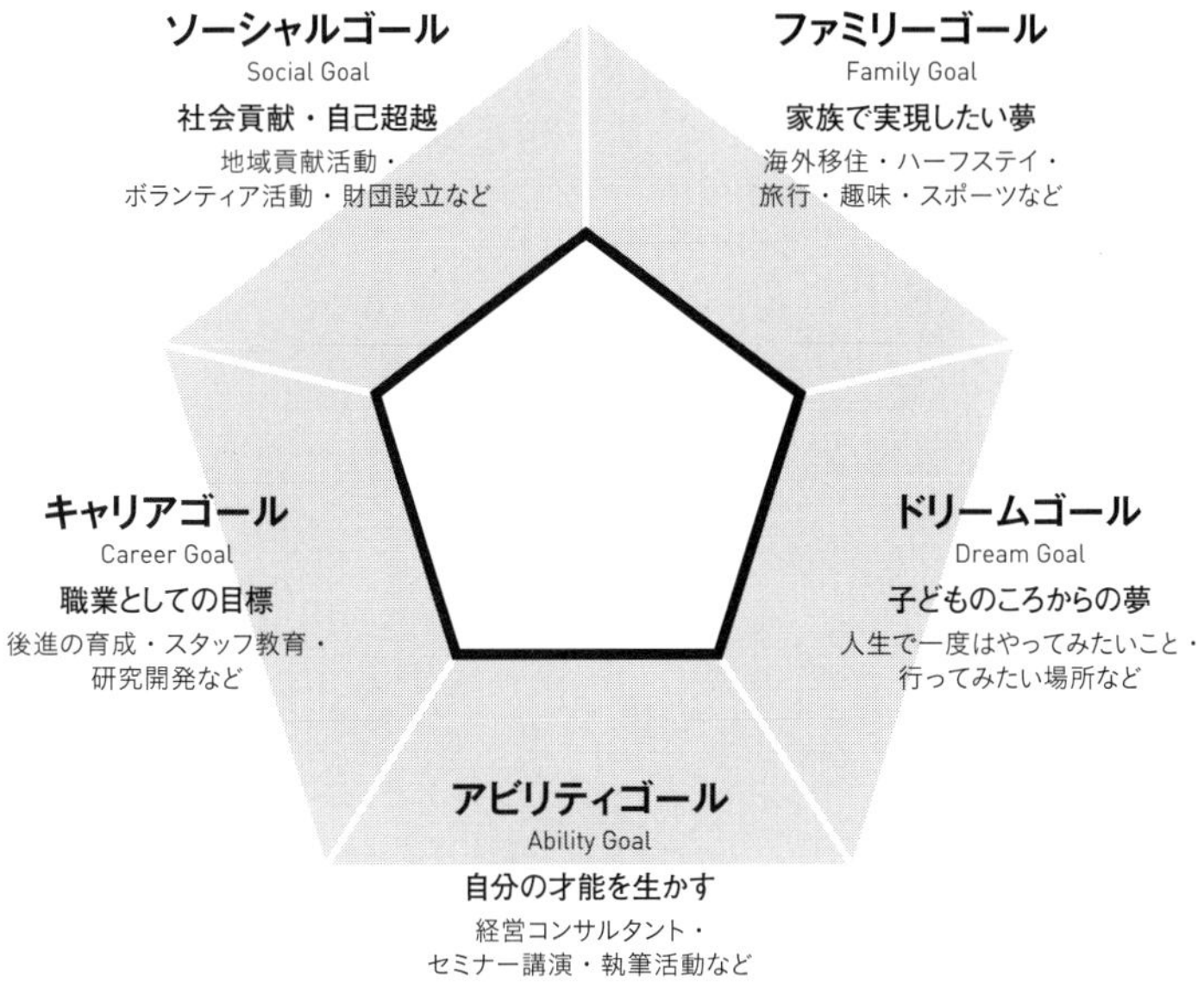
ソーシャルゴール
Social Goal
社会貢献・自己超越
地域貢献活動・
ボランティア活動・財団設立など
ファミリーゴール
Family Goal
家族で実現したい夢
海外移住・ハーフステイ・
旅行・趣味・スポーツなど
キャリアゴール
Career Goal
職業としての目標
後進の育成・スタッフ教育・
研究開発など
ドリームゴール
Dream Goal
子どものころからの夢
人生で一度はやってみたいこと・
行ってみたい場所など
アビリティゴール
Ability Goal
自分の才能を生かす
経営コンサルタント・
セミナー講演・執筆活動など

そうであるならば、まず、自分がいちばん生き生きとできることは何か、大きな喜びを得られることは何かから考えてみるといい。逆に、こだわったり執着したりしていることは何か、それはなぜかについて考えてみるのもいいだろう。

ＩＰ社では、クライアントにカウンセリングを行って、そうした点をとことん考えていただく。ご夫婦でカウンセリングを受けた人には、「こんなことを改めて夫婦で話し合うのは初めて。最初は照れくさかった」と言われたこともある。

思わぬ成果もある。ある家庭では、子どもの引きこもりという悩みを解決できないでいた。その子どもの親自身がカウンセリングを受け、自分のこだわりや執着から解放され、新しい目標に向かって生き生きし始めることで、それまで自室に引きこもっていた子どもが部屋の外へ出てきたのである。親の閉塞感が子どもに伝わっていると痛感したケースだった。

# 人生を再設計し、再び挑戦することの大切さ

思えば私は、父から「強くなれ」、母から「やさしくなれ」、会社から「いちばん稼げ」と求められ、自分が背負った責任感に過剰に反応してきた。

仕事への情熱や責任感、期待などがいつしか独り歩きしてしまうと、人生の優先順位が狂うことがある。

あなたも、少し振り返ってみてほしい。

人生の喜びや、幸せ、家族への愛情などを後回しにしていないだろうか。

自分の生きがいを犠牲にしていないだろうか。

社会通念や常識、習慣にとらわれていないだろうか。

そんな状態から抜け出すことを、一度考えてみよう。もちろん人生にはさまざまな逆境やストレスの多い時期がある。自分や家族が病気になったり、家庭内の不和が大きくなったりすると、後ろ向きになったり、自暴自棄になってしまう人もいる。ときには深刻な人間関係に、押しつぶされそうになることがある。上司や同僚、部下、スタッフとの軋轢《あつれき》、ビジネス上の裏切り、人間関係にかかわるアクシデントでストレスがたまり、ネガティブな状況に四面楚歌《しめんそか》となることもある。

そんなときこそ、自分の原点に立ち戻ってみよう。長い人生のなかで、自分の目的やゴールを再設計したり再確認したりしながら、新たな挑戦をするための知力・体力・気力を取り戻すのだ。

未来は、過去からの延長線上にあるとはかぎらない。途中で見直して、道を再設計することで、また新しい未来が開けてくる。再設計の作業のためにも、過去を振り返ることは必要だ。

私たちは、クライアント一人ひとりに、それぞれの記憶を呼び起こしてもらい、「人生を再計画し、挑戦する」という考え方になってもらえるよう働きかけている。そのためには、クライアントと深く長くお付き合いすることが必要だと考えている。

## 起業後、思ったように業績が伸びず、不安に駆られる日々

いまの日本に、私の考える資産設計のコンサルティングサービスを、広く深く伝えていくこと。

クライアントには、資産設計の検討を通じて、自分の人生には何がいちばん大切なのかを発見してもらい、真の人生の目的を知ることで、人生に無念や後悔、未練、儚《はかな》さが残らないような生き方をしていただくこと。

絶対にやり残してはいけないこと、人生の忘れ物をなくし、最高に感動的で豊か

途中で見直して、
道を再設計することで、
また新しい未来が開けてくる。
再設計の作業のためにも、
過去を振り返ることは必要だ。

な人生設計を描いていただくこと。

私たちは、クライアントの方々自らが発見した新たな「大切なこと」と、投資や資産形成をつなげ、安心して最高の人生を検討できる環境を提供する。これがＩＰ社創業の動機であり、ブレない企業理念である。

ＩＰ社を設立してから、すんなりいまの地点に到達できたわけではない。日本に正しい資産設計の環境をつくるために創業したＩＰ社だが、創業後しばらくは業績が頭打ちだった。

クライアントは、徐々に全国で増えていくものの、設立当初からの売上高の伸び率は非常にゆっくりしたもので、売上高が一〇億円に達するまでに八年もかかった。しかも二〇〇八年にはリーマンショックが起きた。

創業してまもなく、私は酷い不眠症になった。夜、布団に入っても、不安が押し寄せて、まったく眠ることができない。お酒を飲んでも酔わないし、眠くもならない。布団の中で悶々とした挙句、ついには起き出し、朝の六時に出社する。眠っていないため、時々デスクで気絶した。ストレスから喫煙量も増えていった。

創業するときには、金融機関からいくばくかの借り入れをしたし、社員のモチベーションを上げるために、よく飲みにも連れていった。そんなことから、最初の三カ月で運転資金がショートしかけてしまったのだ。資金繰りへの心配が不眠の原因だった。

たいていの創業者は、それまでの成功体験を生かして経営していく。一方、私の場合は、過去の成功体験を捨て、経営理念を百八十度変えて創業した。なかなか伸びない業績を目《ま》の当たりにして、理想では飯を食えないのかと、いつも歯がゆい思いをしていた。

かといって、前職のような営業スタイルに戻すことはできないし、会社の創業理念を変えるわけにもいかない。私たちは、金融商品や不動産などのモノを売るのではなく、生き方に投資する資産設計を扱う企業として生きていくと決めたのだから。

初年度の売上高は三〇〇〇万円ほどにとどまった。私についていって大丈夫なのか、社員たちはおそらく半信半疑だったと思う。

なんといっても、S社時代の猛烈営業マンだった私を信奉していたのに、「理想のビジョン」だの「日本に正しい資産設計を根づかせる」だのというお題目は、「寝耳に水」であり、「そんなこと聞いてなかった」という話に思えたかもしれない。

私の掲げた企業理念は、見果てぬ夢に思えたかもしれない。

社員に給与を払った残りからの私の給料は、前職の三分の一になり、妻も非常に心配していた。

## 自分の健康状態や社員の心に悪影響を与えた、強すぎる責任感

四〇歳を超えるころ、私にとっては衝撃的な出来事があった。健康診断を受けたら、肺がんの腫瘍《しゅよう》マーカーである「ＣＹＦＲＡ」が基準値の三倍を示し、精密検査を受けることになったのである。

なんといっても、父が四四歳の若さで亡くなっているので、自分の寿命ももう長くはないのだろうかと一気に落ち込んだ。循環器内科の医師が「自覚症状はないんですか」と深刻そうに聞いてくるので、検査結果が出るまで、生きた心地がしなかった。

私がライフウェイクのセッションを受けたのは、そんな不安に苛まれていた時期だった。もしかしたら肺がんで死ぬかもしれないことを踏まえて、子ども時代から現在に至るまでの出来事などを振り返り、これまで何に縛られてきたのかを自分に問いかけてみた。

私自身を縛っていたのは、ひとえに「責任感」だった。一六歳で父を失い、以来、母を安心させたい、母の期待に応えたい、母が喜ぶとうれしいと思って必死に働いてきた。もちろん、一家を支える責任感も大切なのだが、人生はそれだけではない。

クライアントに対しては、理想の人生像を描いてくださいとコンサルティングしているのに、肝心の自分自身が理想の人生像を描けていなかった。「旅行をしたいな」「ゴルフが上手になりたいな」程度しか、自分の「理想未来」を思い描けていなかったことに、私は愕然とした。説いていることと、自分がしていることが大きく乖《かい》離《り》しているのだ。

さらに、私には大きな問題があった。経営者として責任感が強すぎたせいで、たとえば職場で部下の失敗を目にすると、どうしてもそれを許すことができなかった。だから、四六時中いつも怒っていた。私の部下たちは、日々、私に怒られていたのだ。それが続いた結果、私がどんなに笛を吹いても誰も踊らなくなった。職場には、疲弊感だけがどす黒く漂い続けるようになっていた。そんな空気のなかで、私の攻撃性はさらに強くなっていき、会社には負の連鎖が起こり始めていた。

自分の人生にあった恨みや怒りは、働くうえでのエネルギーになったり、創業の原動力になったりしたのだが、その一方で、怒りの矛先《ほこさき》が社員に向くと、組織のなかでは強烈なマイナスの環境を生み出してしまう。

私は、恥ずかしいことに、自分のエネルギーをうまくコントロールできていなかったのだ。

そこで、私は改めて内観（＊1）の指導を受け、この仕事に就いた「動機の深いところ」を探ることにした。メンターには「自分の人生がどんな状態なら百点だと思うか。やり残したことは何か考えてみなさい」という宿題をもらった。

私自身のキャリアゴール、アビテリティゴール、ドリームゴール、ファミリーゴール、ソーシャルゴールの五つのゴールを、改めて一つひとつ考えていった。

これまで私の人生は、ほんとうに仕事中心で推移してきたが、自分の職業の理想や目標には、まだまだ到達していなかった。このまま途中で挫折したら、いま死んでしまったら、間違いなく後悔するだろうと思った。

経営者になれたのは、幸いにも経営者としての才能を天からいただいて生まれてきたからだと思っている。だが、それを開花させずに死んでしまえば、やはり後悔を残すことは間違いない。

人生の最期に、後悔するのではなく、「やりきった」という清々《すがすが》しい感情に満たされながら死にたいと思った。

子どものころから、やりたかったこと、いまだに実行できていないことなどを、一つひとつ思い出し、すべて挑戦し続けたいと強く思うようになった。

一六歳で人生の迷子になって以来、がむしゃらに働き続けてきたせいか、私は周囲に対して「感謝」するという気持ちを抱いたことが極端に少なかったことも見えてきた。私に、勉強や仕事や人生を教えてくれた教師たちに、感謝を伝える機会すらなかった。感謝の言葉を発し、機会をつくり、きちんと恩を返したいと思えるようになった。

忙しく働いてきたから、家族に対しては一緒に過ごす時間がほとんどなかった。このままでは、夫として、父として、家族に思い出を残すことすらまったくできないだろう。愛する娘に、父親らしいことも何一つしていなかったことを、おおいに反省した。

もし、いま自分が死んだら、何よりも家族に対して後悔する、それでは死んでも死にきれないと痛切に感じた。もし、検査で肺がんの疑いが晴れたら、やり残したことを必ず実行しようという気持ちになった。

すると、目標が次から次へといくつも生まれてきた。

さて、幸いにも検査結果は良好で、肺がんの恐怖から解放された。ライフウェイクと内観を通して、これまで背負ってきた「怒り」から解放されると、モノの見方がフラットになり、いつも握りしめていた拳《こぶし》がゆるくなった。

不思議なことに、どんな状況であっても、あまりがんばらなくてもいいと思えるようになった。部下に対する攻撃的な態度も消え去り、叱り飛ばすことがなくなってきた。

その一方で、失ったものもある。私を信奉していた創業時のメンバーは、ほとんどが退職した。彼らは、私と同様の憤りを抱え、憤りをエネルギー源とする私についてくることで、自らも困難を乗り越えられると思っていた。にもかかわらず、肝心の私が変わってしまったため、彼らの期待に応えられなくなっていたのだ。

私が変わると、社員は私と目を合わせるようになった。しだいに社内はほっこりとした空気で満たされ、自然と笑い声が飛び交うようになった。ただ、そう長くは続かなかった。

というのも、私は、子どものころから極端な恥ずかしがり屋で、社会人になってからも、クライアントには話すことができても、社員に自分の思いを伝えるのがどうにも苦手だった。そのため、うまくコミュニケーションがとれないシーンが重なると、社内の雰囲気が途端に重くなってしまうことがあったのだ。だが、それではいけないと痛感した。人前で話すのを苦手だと思わないよう自分に言い聞かせ、なるべく自分から話しかけるように心がけることにした。

また、会社のブログも始め、自分の意見をどんどん発信するようにした。すると、そんな私の考えに共鳴する人材が集まってきて、新卒や中途採用の新入社員が増え、社内には活気があふれてきた。「こんな考え方をする社長の下で働きたいと思った」と、入社の動機を話してくれた若手社員もいる。

生まれてから死ぬまで自分の人生を俯瞰《ふかん》すると、人は人生の集大成を考えるようになる。私もそんな過程を経て、人生の「最高形」の概念を変えることができた。すると、クライアントへの対応も変わり、投資のレベルがひと回りも、ふた回りも大きくなっていった。

心理学の言葉で表現してみると、自分自身の「傷」から出てくる欠乏動機（＊2）から、成長動機(*3)へ移行することで、これまで停滞していた業績がブレイクスルーして、上昇曲線を描くようになってきた。

長年にわたって自分自身がとらわれている「怒り」や「責任感」から自分を解放してやる。創業以来、苦しんだ点や失敗した点を振り返ってみる。そんな作業をしてほんとうによかったと思っている。クライアントに対する姿勢も、スタッフに対する姿勢も変わり、経営者として成長してきていると思う。

*1) 内観……心理学の研究法の一つで、心または精神を支配する法則を見出すため、自分自身でおのれの心または精神の働きを観察する過程。フランスの哲学者デカルトが物質と精神の二元論を立て、物質の研究法は外部観察であり、精神の研究法は内観(内部観察)であると主張して以来定着したもので、内省《ないせい》、自己観察ともいう。

*2) 欠乏動機……マズローの欲求階層説による、人間が行動を起こすときの二つの段階の一つ。「何かが足りない」という欠乏状況を充足させることが行動を起こすやる気の源泉になる。主に生理的欲求(たとえば「空腹を満たしたい」)、

安全欲求（「安全な場所に住みたい」）、親和欲求（「家族・友人と親しくありたい」）、承認欲求（「仲間に自分の実力を認められたい」）の四つの欲求から構成される。

＊3）成長動機……マズローの欲求階層説によると、欠乏動機である右の四つの欲求が満たされると、人が行動を起こす動機は「自分の能力を生かしてさらに成長したい（自己実現欲求）」ところまで達するという。

Chapter 3

# あなたは、あなたの「生き方」に投資すればいい

# 理想的な未来を実現するための「資産形成実践プロジェクト」とは

人生の目的を達成するための投資とは、具体的にどうするのか。実際にインベストメントパートナーズ（ＩＰ社）がクライアントに提供している、資産形成実践プロジェクトの流れを紹介しよう。

クライアントから相談や依頼を受けると、まずはきちんとヒアリングを行ってから、プロジェクトを始める。カウンセリングを経て、クライアント自身が理想と考える未来像、希望する生き方や働き方を決め、それを実現するためのファイナンシャルゴール（経済的な到達点）を決める。

それに見合った具体的な資産運用手段を決定し、資産形成に必要な実務手続きや資産管理などを始める（１３２〜１３５ページ参照）。

まず、プロジェクトを進めるうえで何よりも大切なのは、クライアント自身が人生の夢やビジョンをいかに明確に描けるかどうかである。だから、過去の振り返り作業を行い、いままで後回しにしてきたことも含め、自分の理想とする人生のあり方や将来の夢をじっくり描いてもらっている。その際、クライアントには、ＩＰ社の優秀なコンサルタントがパートナーとなってサポートする。

そして、理想とする未来を実現するのに、どれくらいの資産が必要なのかを算出するにあたっては、担当コンサルタントや上級マネジャー、ファイナンシャルプランナー、税理士や会計士など、ＩＰ社の専属専門家チームがクライアントをサポートする。

さらに、クライアントの描く理想と現実とのギャップがあれば明確にし、「保険診断」「タックスプランニング」「ライフプランニング」「リタイアメントプランニング」という四つの視点（１３７ページ参照）から、どのように理想の未来を実現するのか、より具体的な手法に落とし込んでいく。

# 「資産形成実践プロジェクト」の流れ

**STEP 0　プロジェクト準備**

まず、クライアントから相談や依頼を受けると、しっかりヒアリングをし、確定申告書や源泉徴収票、保険証書など必要書類を準備していただく。

## 〈カウンセリング〉自身の真の人生を知る

**STEP 1　ブレーンストーミング**

将来の生活に対する理想や希望、現在抱えている問題点・改善点などをヒアリングシートに記入。同業種・同年代の方が行ってきた事例などを参考に、「理想未来」のイメージを膨らませてもらう。そして、未来のためにどう生きるのかを明確にするため、自分の価値観や人生観を振り返る「ライフウェイク」を行う。

## STEP 2 ベンチマーキングとルールの設定

ＩＰ社のコンサルタントと専属専門家チームで、現状分析と診断を行う。「理想未来」を実現するために必要な資金や期間を数値化する。リスク、ボリューム、手間、関与度、投資スタイルや資産形成のルールを設定する。現在と将来のどちらに比重を置くか、最優先したいことは何か、検証できること、やりたくないことなどを決めていく。

## STEP 3 ファイナンシャルゴールの設定

クライアントの人生観と価値観を共有したうえで、「理想未来」を実現するファイナンシャルゴール（数値目標）を設定する。同時に、人生のゴールを、五つの方向性（キャリア・アビリティ・ファミリー・ドリーム・ソーシャル。106〜109ページ参照）から考えていく。自分の人生でやりたいこと、実現したい未来やビジョン、理想の人生をじっくりヒアリングし、明確にする。

## 〈コンサルティング〉未来を分析して設計する

### STEP 4　分析・問題提起

ファイナンシャルゴールを達成するために洗い出された、現状の問題点・改善点を提起した資料を送付する。設定したルールから提案できる改善策も数パターン作成し、プランを提示する。

### STEP 5　改善策・方向性の決定

クライアントの考えに最も合う改善策を選定。プランに沿った運用商品や期間・費用などを、クライアントの性格や好み、リスク許容度などに合わせて方向性を決定する。

### STEP 6　資産運用手段の決定

ＳＴＥＰ５を踏まえて資産運用の手段を決めていく。「理想未来」の実現に必要な手段をＩＰ社に任せていただく。

## 〈コーチング〉想いを形にする

### STEP 7 行動・継続

資産形成に必要な実務手続きや資産管理すべてをIP社が代行する。資産形成の継続サポートとタイムリーな情報提供、専門士業シェアリングによる一括サービスを行う。

＊保険診断
生命保険・損害保険を分析し、最適な保障内容を検討

＊タックスプランニング
納税額を少しでも軽減できるよう、専属専門家チームが現状分析をする

＊ライフプランニング
生命保険、年金、資産を分析して独自のプランニングシートを作成

＊リタイアメントプランニング
個人年金積立型生命保険、公的年金、保有資産からの年金収入と、クライアントが思い描く理想未来を比較・分析し、理想未来実現のために必要なプランを作成

## 「資産形成実践プロジェクト」の三つの特徴

ＩＰ社は、いままでにない価値をもった「資産設計コンサルティングサービス」を提供している。未来に生じるかもしれない脅威や不安を煽ったり、リスクに対する防御策を講じるのではなく、何世代も命をつないできた意味や人生の目的、クライアント一人ひとりの「真の生きる動機」を発見し、それを実現するために、資産をどうコントロールするのかを考える。

これはまったく新しい価値観であり、これまでの資産設計コンサルティングの常識を変えたものだ。おかげさまで、たくさんの方がＩＰ社を支持してくれ、選んでくれた。

各コンサルタントは、クライアント一人ひとりの人生を振り返る「ライフウェイク」、さまざまなライフスタイルを発見してもらう「ブレーンストーミング」、現実的な問題を知ってもらうためのデータや指標の比較を行う「ベンチマーキング」を行うほか、性格診断、投資判断基準をつくるカウンセリング、大所高所から俯瞰して人生設計図に落とし込む「アンサーディライブ」など、約三カ月をかけて本格的なコンサルティングプログラムを提供している。

プログラムの中核は「資産設計＝人生設計＝自己実現」となるように考えられている。

ＩＰ社の〝資産形成サービス〟が、同業他社のサービス商品とどういった点が違うのかを紹介していこう。

まず、考える順序が示されているので、初めて資産設計を考える人や、いままで現金の貯蓄程度しかしてこなかった人でも、投資経験一〇年以上の人と同等のレベルで資産運用をスタートできる点だ。それが１３２ページから示した流れだ。

次に、資産形成をするうえで、今後の人生を積極的にデザインし、最高の生き方とは何かをクライアントが自ら探ったうえで構築する点である。これは、他社のサービスにはまったくない、独自な点である。

資産形成実践プロジェクトのプログラムには、幼少期からの価値観や人生観を確認するライフウェイクや、心の傷や試練を癒す内観研修、無意識に自分を縛っている枷《かせ》からの解放など、心理学的な手法や要素も取り入れている。

コンサルティングを体験する際には、さまざまな価値観やライフスタイルに触れてもらい、直感的に「好きだ」「好きでない」などの好みや判断、自分の傾向も大切にしてもらう。

これから体験するであろうライフイベントの疑似体験をしたり、自分らしさを再認識したりもする。一人ひとりの潜在意識の芯に、どんな生きる動機があるのかを発見してもらう。

私自身もＩＰ社のコンサルタントたちも、みなライフウェイクや各種研修を受けている。人生の設計の仕方、これからのライフイベント、投資や税の知識やツールなど、考えるべき要因を整理したり、思考の順序を示したりしながら、改めてクライアント自身の理想の人生を計画することをサポートする。

各コンサルティングやセッションでの場面設定や体験方法、使用する資料などは常時、改善を繰り返している。

## これからの長い人生に向けて、新たなる挑戦を

医療の進歩などによって長寿化が進み、「人生百年時代」に入りつつある日本。〃定年〃の時点ではまだまだ若いし、〃老後〃の期間もかなり長く続く。

逆にいうと、四十代ごろに人生を折り返して以降、再び何かに挑戦する時間もたくさんもてるようになる。およそ百年間の人生に、ほんとうに自分は何をしたいと

思っているのか、あなたも鳥瞰《ちょうかん》してほしい。

これまでの人生を振り返り、幼児期を「自分1・0」、生徒・学生期を「自分2・0」を経て、社会人になったときを「自分3・0」と定義すると、再挑戦できるステージは「自分4・0」と呼べるだろう。

IP社の主なクライアントである開業医には、二十代半ばで「自分3・0」となり、一〇年間ほど医療機関などで働いたあとに独立・開業をする人が多い。日々きちんと患者と向き合い働いているうちに、地域で認められ、医院の経営が安定して、予算と実績もしっかり管理できるようになる。クリニックのスタッフが定着し、後進の人材育成にも成功する。当然、自身の収入も増えてくる。

一方で、独立開業をしてから一〇年ほど経つと、開業前に目指していたことは、だいたい達成できたと実感できるはずだ。そんな時期に、ふと考える。

「この先もこのままでいいのだろうか」

「いままでの延長線上に、自分の未来があるのだろうか」

人生の選択肢はしだいに限定され、開業当時とこれからでは、市場環境も違ってくる。いま、クリニック経営が安定しているからといって、この先まだまだ続く人生で何もしなくていいという理由はない。いまや時代は、「人生百年」だというのに、その半ばの四十代、五十代で、意欲を失ってしまっていないだろうか。

このように、誰もが「自分3・0」の終盤で、ふと「曲がり角」に突き当たるのだ。

そんなときこそ人生の目標をもう一度考え、再設計するチャンスだ。これまでの人生の棚卸しをして、人生を再計画してみる。そこで安心せず、もう一度、自分の人生のコンセプトメーキングをするのだ。

そこに到達した人を、私は「自分4・0」だと考えている。そして、「自分4・0」で目指す理想の未来が「人生5・0」だ。より多くの人に、できるだけ早い段階で、自分のなかで眠っている〝自分がほんとうにやり遂げたい夢〟を発見して、再挑戦をしてもらいたいと願っている。

スイスの精神科医・心理学者であるカール・グスタフ・ユングは、ライフサイクルを「少年期」「成人前期」「中年期」「老人期」の四段階に分類した。問題がよく起こる時期は「成人前期」と「中年期」で、そのうち最大の危機は中年期の転換期に訪れるとしている。

私もそんな一人だったが、四〇歳ごろまでは、いろいろなモノ・コト・ヒトを犠牲にしたり、自分を制御したり、叶えたい理想や夢を押し殺しながら働き、社会的な成功を目指していく人が多いだろう。

だが、四〇歳前後で「人生の正午」（ユング）を迎え、いまのまま未来は永久に続かないことに気づく。だから、いままで犠牲にしてきたことはないかと振り返り、もし、犠牲にしていた何かを確認したら、それをもう一度自分のなかに取り戻そうと考えることが必要なのだ。

この本を読んでいるあなたがいま、「自分4・0」の手前に立っているか、あるいは「中年期の転換期」に立っているとするなら、それは危機であるのと同時に、人生最大のチャンスでもある。

図表3 人生の5つのステージ〜人生の棚卸しをして再計画してみよう〜

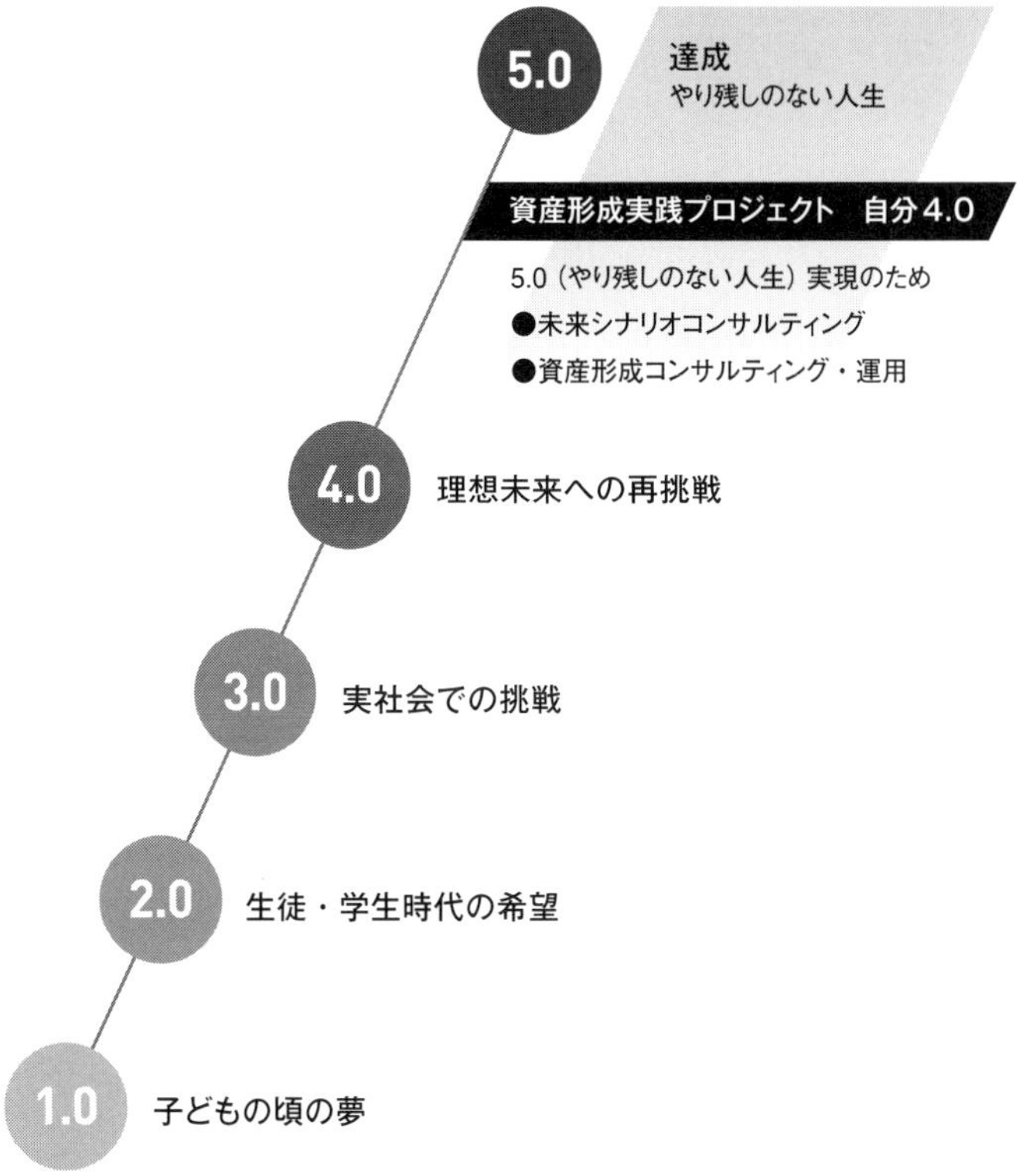

# 人生を深く掘り下げていくことで実現したい未来が見えてくる

かつて、不動産会社で投資物件を扱うコンサルタントをしていたときに、自分はほんとうに顧客の幸福実現に寄与できているか懐疑的だった。現在、ＩＰ社のコンサルタントとクライアントは、伴走しながら「ともに信頼し合う」「ともに成長し合う」人間関係を築きながら、それぞれが幸福を実現していることを確認できる点で、かつての私と当時の顧客との関係とは異なる。

どのクライアントからも、子ども時代に思っていたことや学生時代に夢見たこと、社会人になって挑戦したことなどを聞かせてもらう。何が好きだったか、何に憤りや悲しみを感じていたか、あこがれていたヒト・モノ・コト、やり残したと思っていること……。「人生の忘れ物」を掘り出すための作業を行っていただく。

自分の奥深くに眠っている記憶まで一つひとつを呼び起こし、これからの人生で挑戦することを「発見」する。残された人生で達成したいこと、実現したい理想の未来を再設計するのだ。

クライアントはコンサルタントとそれを共有し、信頼して付き合う。それができないと、「理想未来」を実現するために必要な資産計画はできないからだ。たとえ資産を手に入れたとしても、自分の理想とする生き方や人生の目的が描けていないと、幸福にはなれない。

「自分4・0」は、自身の人生の意義を改めてつくる主体である。亡くなるときに後悔のないように、やり残したことを残念に思わないように、自分が目指す「ゴール」から逆算した生き方の設計をする。これができてこそ、ファイナンシャルゴールを導き出すことができ、具体的な資産運用の手段を決めることができる。

ゴールを決めるために、本質的に幸福な人生の目的を見据えるために、これまで避けてきたことや現実逃避してきたことも含め、多少時間がかかってもいいので、考え直す時間をあなたもつくってほしい。

自分の奥深くに眠っている
記憶まで一つひとつを呼び起こし、
これからの人生で挑戦することを
「発見」する。
残された人生で達成したいこと、
実現したい理想の未来を再設計するのだ。

長い人生をどう使うか、人生を再計画したり、再修正したりする機会を、面倒くさいもの、義務的なものと感じず、心から楽しんで取り組んでほしい。

なぜなら、世界には、職業の選択や安全が保障されない国や地域がまだまだたくさんあるからだ。私たち日本人は、豊かで安全な先進国で生まれ育っている。その〝ありがたみ〟をただ享受するだけでなく、他者や次世代のための行動にどう移すのかを考えながら、いままで磨いてきた職業をさらにどこまで到達させるか、自分の才能を何に生かせばよいのかを計画してみてほしいのだ。

そのためにこそ、ＩＰ社のコンサルティングや資産設計サービスは役立つ。

私が、これからの人生で再挑戦したいテーマを見つけたのは四十代だった。肺がんの可能性を示唆されたことをきっかけに、自分の人生を振り返り、未来を思い、後悔のない人生の終え方を目指そうと思えたことは、ほんとうによかったと思う。「自分４・０」のステージに至り、それを実現化するための「人生５・０」を設計した。

そんな私が、いま考えている、より多くの人たちに理想の人生を歩んでもらうためのビジョンや哲学を、いくつか紹介していきたい。

### 私の理想未来　その1

## 日本人の幸福度を上げる

この本の冒頭で、日本人の「主観的幸福度」は世界のなかで、かなり低いことを指摘した。国連が発表した「世界幸福度ランキング２０１８」によると、日本の「主観的幸福度」は世界で五四位である。

国によっては、高齢になるほど幸福度が上昇するケースもあるが、日本ではどんどん下がっていく。そんな悲しい事実を知らされると、私は、このままでいいのだろうかと、つくづく考えてしまう。あと三〇年、四〇年と生きるのに、長生きすればするほど幸福感を感じなくなるなんて、思っただけでも薄ら寒くなる。

どうして日本人の幸福度は、年齢とともに上昇しないのか。現在の社会構造やシステムのなかで、いまさら幸福になるなんて無理、と誰もがどこかであきらめているのだろうか。それとも、そもそもいまの社会では、どうあがいても幸福にはなれないのだろうか。

理想未来を実現するために、私には、解決したい社会問題がいくつもあるが、その一つがこの「幸福度」の問題だ。

年齢によって幸福度の上がるアメリカと、幸福度の下がる日本を比べてみる（151ページ、図表4）。日本人の多くは現金・預金による資産形成が半分を超え、次いで保険・年金準備金が続くが、債権、投資信託、株式・出資金による資産運用はそれぞれ一〇％以下だ。

逆にアメリカは、株式・出資金と保険・年金準備金で六五％を占め、現金・預金は一二％ほどにすぎない（151ページ、図表5）。

二つの国を比べると、個人の資産運用力が自己の幸福実現力と相関しているように見える。資産収入や配当、利息収入など非勤労収入があれば、自分の時間と精神的なゆとりが生まれ、家族や趣味、生きがいのための時間を増やすことができる、ひいては幸福を感じる地点に近づけるのではないだろうか。

人は、何をもって「幸福だ」と思うのだろうか。ある調査によると、圧倒的に上位を占めるのは、「健康」「経済的なゆとり」「家族関係」の三つだ。

## 図表4 日本人の幸福度は高齢になっても上昇しない

出典：内閣府「平成20年版国民生活白書」より

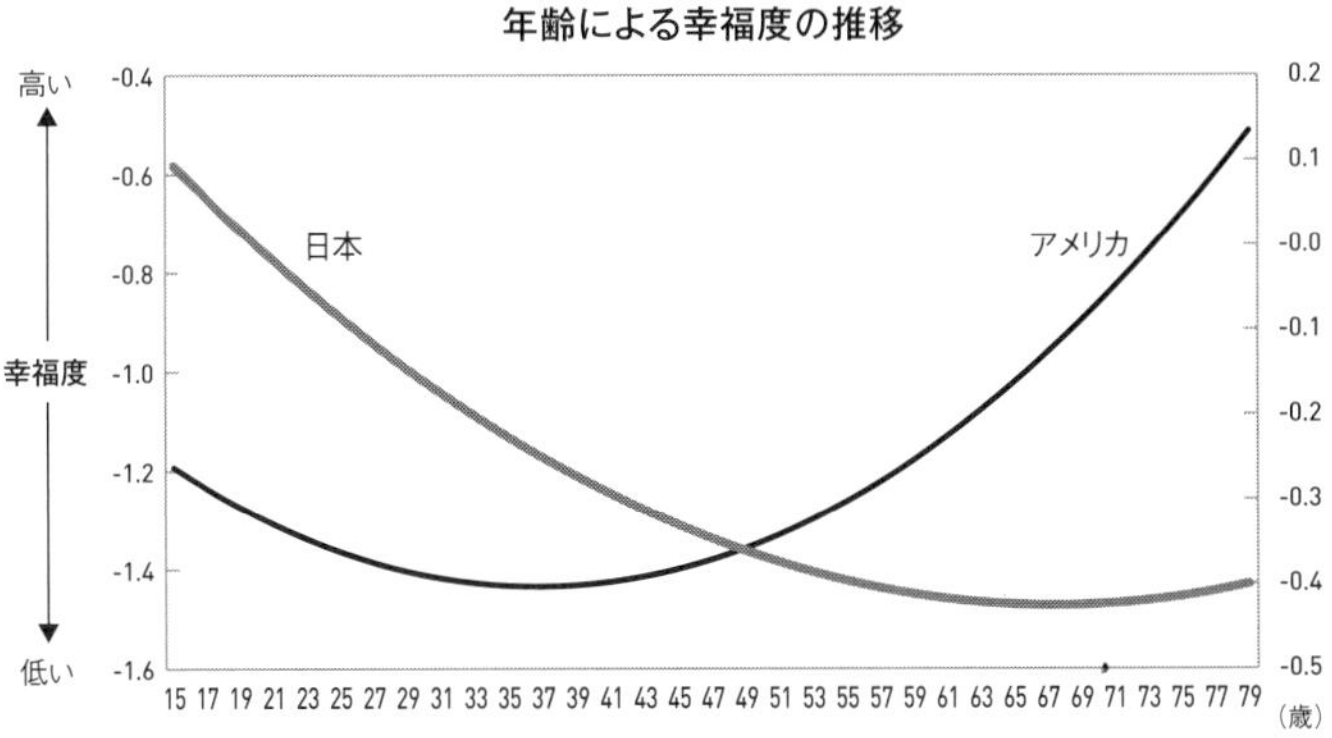


（備考）日本については、付注第1－3－1掲載の年齢および年齢の二乗の推定結果により作成。アメリカについては、David.G.Blanchflower, Andrew J.Oswald「Well-Being Over Time In Britain and the USA」掲載のTable4（1）の年齢および年齢の二乗の推定結果により作成。

## 図表5 日本とアメリカの家計の金融資産構成

出典：日本銀行統計局

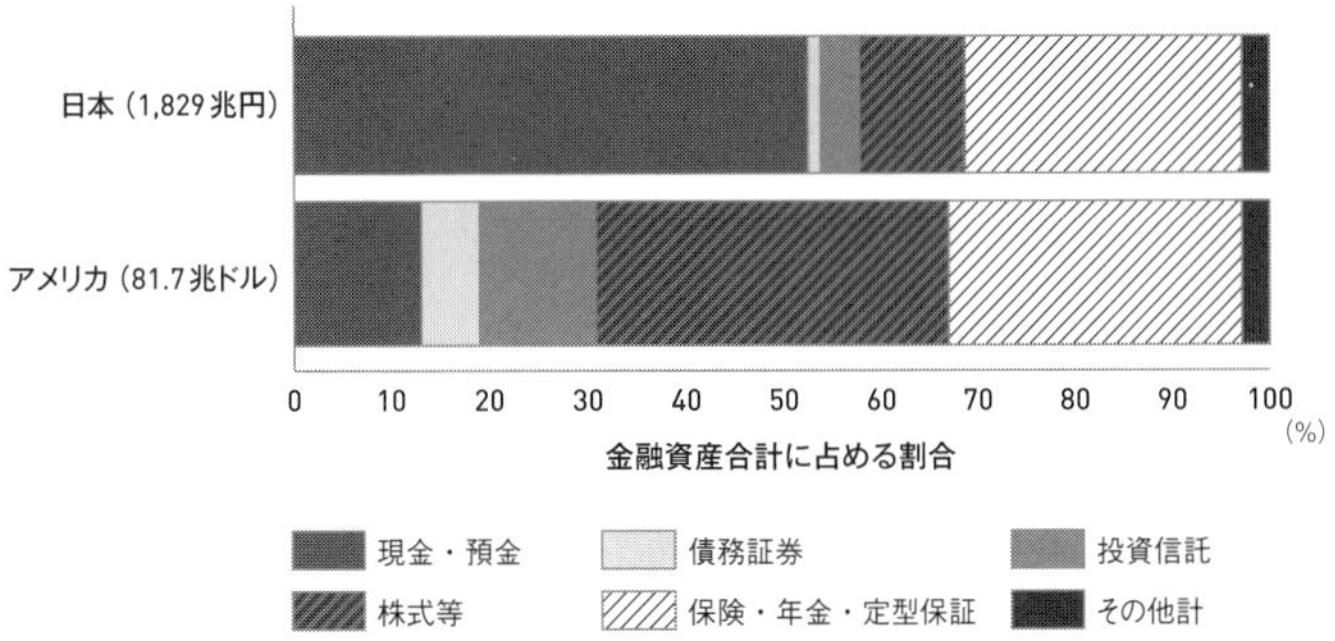


＊「その他計」は、金融資産合計から、「現金・預金」、「債務証券」、「投資信託」、「株式等」、「保険・年金・定型保証」を控除した残差。

ところが、私はこの本の冒頭で、収入が多く、経済的に安定しているにもかかわらず、幸福だと感じることができない人がいることを述べた。その人たちの多くは、仕事の忙しさに埋没しているうちに、いつのまにか健康を害したり、家族間の愛情が希薄になったり、人間関係がぎくしゃくしたりして、そもそも自分が幸福かどうかを確かめる時間すらなくしている。

幸福度を上げるためには、まずは、人生の目標をもち、前向きに働く生活にシフトすることが必要だと考えている。自分が目指す「ゴール」の途中では、いくつもの新しい発見がある。目標を達成すると心が満たされるだけでなく、人生を彩る感動を得ることもできる。そのたびに、自信や誇りを取り戻すことができる。それらが幸福の形成につながっていくと思うのだ。

加えて、日々、忙しく過ごしていても、安らぎを感じる時間や機会があったり、社会からの信頼を強く感じたり、物質ではない「無形の豊かさ」があったりすると、幸福度を上げるのに役立つ。無形の豊かさを得るためにも、目先の利を得ることだけに汲々とせず、社会貢献をしたり、次世代の活動を支援したり、誰かのために動ける意欲をもつ人が増えてほしいと思う。

自分らしく生きることができ、社会の役に立つことをし、無形の豊かさを実感し、自分の幸福実現につながる投資計画があれば、生きる活気と働くうえでの新しい動機を呼び起こすことができ、安心して誇らしく働き続けることができる。

一人ひとりが、自分に命があることを心から感謝し、到達したい理想の未来をもちながら生きる、自分の才能を生かしてキャリアを集大成する、そして、最終的に満ち足りた心で人生を全うすることができれば、日本人の幸福度はもっともっと上がるはずだと、私は考えている。一人でも多くの人が、自分に与えられた命に満足し、自分らしく幸せに生きてほしい。

経営者としての私は、日本人の幸福度を上げるような企業活動をしたいと考えている。ＩＰ社のクライアントだけでなく、従業員もステークホルダーも、人生や仕事の目的があり、それに向かって不安なく働く人をたくさん増やしたいと思っている。

健康と同じように、人生の幸福度や満足度をモニタリングする「幸福診断」の概念を啓蒙する普及活動や、人生の究極的な幸せに調和する資産設計コンサルティングプログラムを創造し、人々の「未来」を感動的で実りあるものにしていきたい。

他にも、日本の幸福度を改善するために、「人生設計＝資産運用＝自己実現」となる投資教育の学習科目をつくる、といった社会インフラも提唱していきたい。

金融リテラシーが高く、幸福になるための計画を自ら立案できる人が増えていけば、世界はきっと平和になっていくだろう。

私の実現したい「人生5・0」は、どこまでも果てしなく広がっている。

### 私の理想未来　その2

## お金や富に対する「視点」を変える

世界では、資本主義の限界による所得格差が、さらに広がっているという。貧困を根絶するための世界的団体「オックスファム」が、二〇一八年一月にスイスで開催された「世界経済フォーラム」（通称「ダボス会議」）に先がけて発表した、格差に関する二〇一八年版報告書「資産ではなく労働に報酬を」によると、世界で新たに生み出された富の八二％を、世界の最も豊かな一％が手にしていることがわかった。一方で、世界総人口の約半分に相当する最も貧しい三七億人が手にした富の割合は、わずか一％未満にとどまったという。

資本主義の限界からくる所得格差が広がり、日本国内でも、未来への閉塞感や貧困、ワーキングプア、家庭不和や虐待といった社会的課題を解決できなくなって久しい。いまの社会は、テクノロジーの急速な発達によって、どんどん便利になって人間の寿命も大幅に伸びているにもかかわらず、多くの人の心は決して満たされていない。新聞やテレビからは、家族や他者の痛みを思いやる心など一ミリもないような凄惨なニュースがすぐ目に飛び込んでくる。

そんな息苦しい世界で、心の幸福度が低いまま生きている人たちを救うには、富裕層のお金や富に対する「視点」を変える必要性があるのではないかと考えている。富裕層にお金や富に対する「やさしい心」が芽生えてくれば、この世界は必ずよい方向に変わるはずだ。

自分の利益をいかに上げるかだけに目を向けるのではなく、たとえば世界のあちこちに存在する争いや貧困について目を向けてもらうのだ。実は、富をもつ人の多くは、自分が人生でほんとうになすべきことに気づくと、自然とよりよい社会を築くための行動をとるようになるのだ（「1ブレス・オブリージュ」とも称される）。

富裕層の〝美しい生き方〟が、世界と未来に貢献したいという本能を目覚めさせるきっかけになる。


農村部の貧困層へ、教育環境などを普及させつつ、少額融資（マイクロクレジット）を提供し、村人たちに生きる目標と幸福を与え、ノーベル平和賞を受賞したグラミン銀行(*)は、まさにお金や富に対する視点を変えた好例といえる。

そこでいま私が考えているのが、先進国においても、幸福度の低い人たちを視野に入れた先進国版のグラミン銀行だ。

富める人たちのお金や富に対する視点を変えながら、資産をつくる動機を高い次元まで引き上げる。そして、「究極的な人生の幸せにつながる資産設計プログラム」

を提供し、それによって新たに生まれた資産を、クラウドファンディングなどを活用して、貧困に苦しむ人たちのベーシックインカムにあてるような橋渡し的な活動ができればと考えている。

*）グラミン銀行
ムハマド＝ユヌスがバングラデシュに設立した銀行。農村部の貧困層を対象に、無担保で低利の少額融資を行い、自立を支援した。借り手の多くが女性で、その勤勉な働きぶりによって融資の返済率が高く、採算が取れたため、政府の援助に頼りすぎずに融資先を拡大することが可能となった。経済的自立だけでなく、識字教育や保健衛生の普及にも役立っている。同銀行とユヌスは２００６年にノーベル平和賞を受賞した。

### 私の理想未来　その3

## 若者が生きやすい世の中に

ちょうどこの本の執筆の準備をしているころのことだ。真夏の阪神甲子園球場で行われた「全国高等学校野球選手権大会」には胸が踊った。連日の酷暑のなか、深紅の大優勝旗を目指して必死に勝ち抜く球児たちも、負けて故郷に帰る球児たちも、どちらもさわやかで、惜しみない拍手が送られた。

一方、インドネシアで行われた「２０１８年アジア競技大会」において、日本は競泳、柔道、陸上を中心に前回大会の四七個を大きく上回る七五個の金メダルを獲得、金銀銅で二〇五個ものメダルを持ち帰った。なかでも競泳女子で六冠を達成した池江璃花子さんは一八歳の精鋭で、最優秀選手（ＭＶＰ）に選ばれた。

そんな若いアスリートたちの活躍は、日本の若者たちに大きな自信を与えてくれたはずだ。

一方、日本の若者たちの負の側面として気になるのが、自殺の多さである。厚生労働省が発表した「平成30年版自殺対策白書」によると、自殺者数は六年連続で三万人台を割り、二万一三二一人になったものの、男性の「一五歳から四四歳」のすべての死因の一位、女性の「一五歳から二九歳」のすべての死因の一位が、ともに自殺である。

図表6　先進国の年齢階級別死亡者数および死亡率

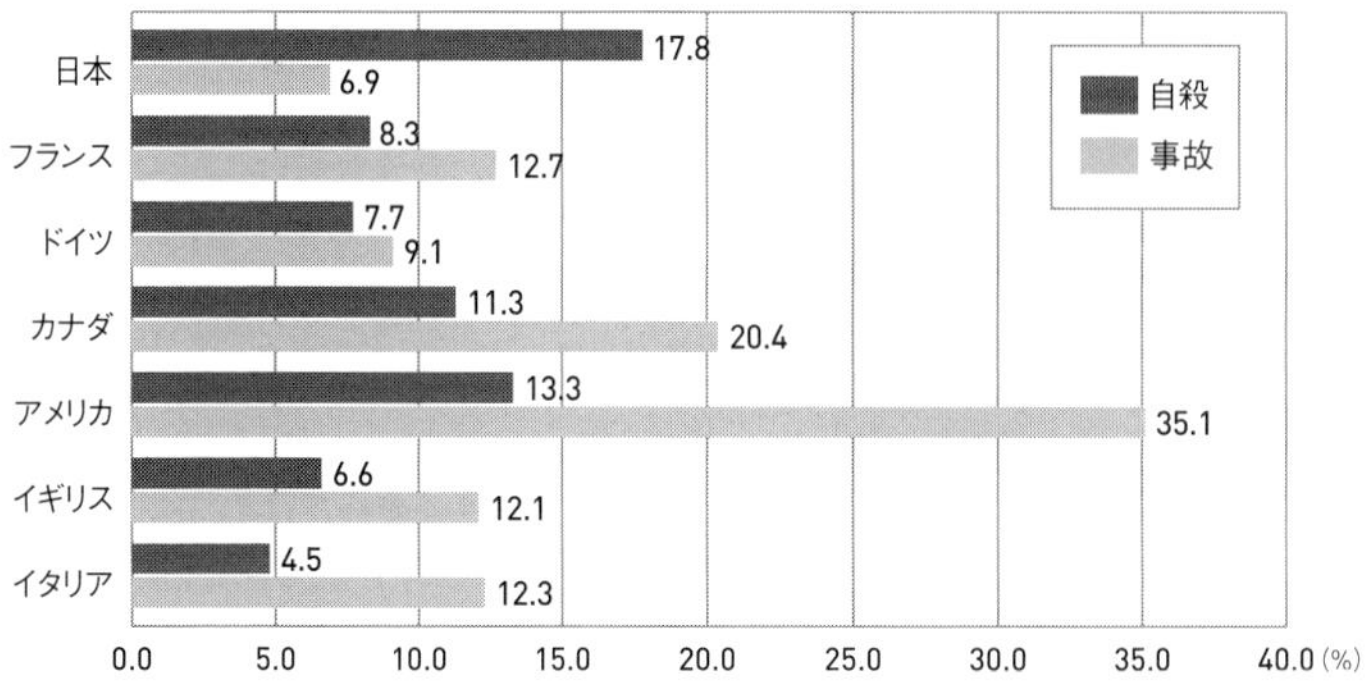


注）「死亡率」とは、人口10万人あたりの死亡者数をいう。
出所：世界保健機関資料、総務省統計局「世界の統計2015」、カナダ統計局「2011 Census of Canada」より

先進国において、「一五歳から三四歳」の若い世代の死因の一位が自殺となるのは、日本ならではの現象といわれている。死亡率（人口一〇万人あたりの死亡者数）は一七・八％（二〇一四年）で、ほぼ同時期のフランス、ドイツ、カナダ、アメリカ、イギリス、イタリアと比べて最悪の数字である。

私が解決したいと考えている社会問題の一つは、日本の若者の自殺問題だ。若者が死なくてもいい、より生きやすい世の中になることに、なんとか自分自身やＩＰ社が役立てないだろうかと強く思っている。

なぜこれほどまで、自ら命を断つ若者が日本に多いのだろうか。われわれ大人が、若者が希望を感じるような社会にできなかったから……？　若者に希望を抱かせることなく絶望だけを与え、死に追いやる国ほど、未来のない国はない。

私たち大人ができることは、まず、われわれが仕事や職場が楽しいと思えるように働くこと。そんな職場をつくること。そして、一人ひとりが自分の人生の目的をもって働き、それが幸福であることを、若者たちに見せることではないかと考えている。

それとともに、若者自身が生きる目的を発見できるよう支援し、お金に振り回されない生き方、自己犠牲やあきらめる必要のない生き方を選択できる世の中にしていくことも必要だ。

なぜなら、世帯収入が少ないからという理由で、進学や希望する人生をあきらめるようなケースは、本人のやる気を失わせ、ひいては日本の生産性の低下をも招きやすいからだ。

私はＩＰ社の経営者として、私たち一人ひとりが何のために生き、働くのかを、きっちり考え、そして若い世代に向けて現代社会で最高の生き方のモデルや選択肢を示せるような企業にしていきたいと考えている。

職場をどこよりも楽しく、やりがいのある場として、たくさんの若者がここで働きたいと門を叩いてくれるよう、そして彼らが楽しく幸福に働けるような企業風土をつくっていきたい。

さらに、この本を読んでくださっているあなた自身が、あなたの職場を、そんな風土にすることを目標にして働いてくれたら、とても素晴らしいことだと思う。

働き方や生き方はいつでも「再挑戦」できるし、「再設計」もできる。自分が心の底から実現したい夢や理想を設計し、それに向かって働けば、あなた自身が幸せになるだけでなく、次の世代を担う若者たちが、そのあとを追っていきたいと思うに違いない。

あなたのそんな働き方、生き方によって、あなたも、若者も、ＩＰ社も、みながともに幸せになる。これこそ究極のｗｉｎ－ｗｉｎだと思う。

Chapter 4

# 人生の
# 目的を見据え、
# ゴールから
# 逆算していまを
# 歩き始めた人々

# 相手が興味をもたなければ、決して深追いをしないのがＩＰ社の営業スタイル

インベストメントパートナーズ（ＩＰ社）のクライアントが、どんな人生のゴールを設計し、どんな資産形成をしているのか、ＩＰ社のコンサルタントがどうサポートしているのか、そして、それを三組の開業医とＩＰ社のコンサルタントとの協働作業を紹介しよう。

ＩＰ社は基本姿勢として、「強引な営業をしない」ことを徹底している。

たとえば、医師に電話をする場合、診療中のため出てもらえない場合には、電話口の方に用件を伝え、休憩時間など手の空いている時間を教えてもらう。その後、休憩が終わりそうなころや診療が終了したころを見計らって、再度電話をする。

診療の邪魔にならないことが第一義で、こちらの事業内容に興味を示してくれた方に限って、あらかじめ許可をもらってから資料を送付する。そのあとは、先方の年齢や事業の現況、課題などをヒアリングして、必要になりそうな資料を揃え、伝えたいことを組み立てたトークスクリプトに沿って進めていく。

もし、相手が話の途中で「その件は興味がない」とか「うちには必要ない」など と意思を示した場合は、話をそれ以上進めないようにしている。相手に興味をもっ てもらえない、信頼してもらえないならば、営業活動はそこで中断する。

相手が望んでいないことを、テクニックを駆使して誘導したり深追いしたりしない営業手法は、同業他社にはないスタイルといえる。

CASE 01

## クリニックを経営しながら二十一世紀版・松下村塾の創設を目指す歯科医夫婦の未来

### 一度も考えたことがなかったリタイア後の人生設計

Aさん夫妻は、福岡県で歯科医院を開業し、夫婦とも歯科医として働いている。夫の誠さん（仮名）は、歯科医大在学中に恭子さん（仮名）と知り合い、卒業後の勤務医時代に結婚した。現在、高校一年と中学二年の一男一女に恵まれている。

以前にも、IP社の営業社員がAさんに電話をして、資産形成の取り組みについて説明する機会があったが、そのときは「あまり興味がないから」と断られた。以前は断ったAさんが三年後の今回、IP社のコンサルティングに興味を示したのは、夫妻の年齢が五十代に近づいたことや、子どもたちが成長して以前とはライフステージが変化したことが影響したようである。

Aさん夫妻の世帯年収は、約三六〇〇万円。開業医のなかには、五〇〇〇万円の年収があっても、出費が多くて年間で三〇〇万円しか残らない方もいる。そうしたなか、誠さんの年収の二四〇〇万円で生活費をまかない、恭子さんの年収一二〇〇万円を毎年、貯蓄として残している、堅実な家庭だった。

現時点では、二人のお子さんが将来どんな職業に就くのか、親と同じ歯科医になるかどうかはわからない。が、医大に進学する可能性も含めて二人分の学費さえ残しておけば、リタイア後も家計はそれほど逼迫することはないと思われた。

Aさん夫妻の課題は、「リタイア後のことについて、夫婦ともにまったく考えたことがない」という、その一点だった。

事業承継やリタイア後の生活を考える絶妙のタイミングであるにもかかわらず、人生の真の目的を考えた機会がなかったので、資産形成の「目的」もまた、なかった。

## 夫婦ともに「ライフウェイク」でこれまでの人生を振り返ってもらう

これまでAさん夫妻は、預貯金と生命保険の積み立て程度で資産運用をしてきた。「これではいけないと、やみくもに海外投資を始めてみたんですが……」と言うのだが、その投資のリスクまでは自覚していなかった。

自分たちでは、資産運用について勉強する機会は少なかったが、Aさん夫妻の元へは、不動産や金融関係の営業マンがたくさん来ていたという。彼らのほとんどは開口一番に「節税しませんか?」など〝損得話〟を持ちかけてくる。それをうさんくさく感じたから、ずっと断ってきたという。

そんなAさん夫妻が、なぜIP社のコンサルタントを受け入れたのだろう。「IP社のコンサルタントさんは、不思議なことに、節税の『せ』の字もおっしゃらなかったんです。変わったコンサルタントだと思ったのが、逆に関心をもった理由かしら」と、恭子さんは話す。

Aさん夫妻を担当することになったコンサルタントは、人懐《ひとなつ》っこい笑顔と落ち着いた口調でやさしい印象を与える男だ。米国NLP協会公認プラクティショナーの資格をもっていることもあって、カウンセリングして相手の話を聞き出すことが得意で、じっくり時間をかけてAさん夫妻のお話を聞いた。

Aさん夫妻がこれまでリタイア後のことを考えたことがなかったのは、毎日がほんとうに忙しく、誠さんも恭子さんも目の前の仕事に集中しすぎていたからだ。

Aさん夫妻の毎日はこんなふうだ。

クリニックは九時に開業し、昼休みが一、二時間。午前中の患者さんが長引けば、昼休みはなくなる。午後からまた診療を始め、夜の九時まで働く。多くの休日はセミナーに出かけたり、歯科治療の勉強や経営の勉強をしたりしている……。

Aさんのように、朝から晩まで働き続け、休日も仕事のために使って、プライベートを二の次にしている人は決して少なくない。こんなに仕事に追われていると、「自分と事業の未来」をじっくり考える時間がなかなか捻出《ねんしゅつ》できないのだ。

だが、子育ての目処《めど》がつきつつある、リタイアの年齢が見え始めた、部下やスタッフが育ってきている、この先事業承継を考えなくてはならないがまだ目処はつかない……、などの時期は、自分とビジネスの未来を考えるうえで、好機なのである。

Aさんのクリニックは、幸いなことにとても繁盛している。なかなか実現しないが、休日に一〇人近いスタッフとゴルフに行くのが夫妻の大きな楽しみだ。ドクターとスタッフがとても仲のよいクリニックである。

同じ歯科医師であるが、誠さんは、もの静かで落ち着いた性格、恭子さんは明るくて、天真爛漫《らんまん》と、真逆の性格。IP社は、資産運用のコンサルティングをするに先立って、この二人にライフウェイク（自己分析の手法）を行ってもらい、生育歴を聞いた。

誠さんは、一般的なサラリーマンの家庭に育ち、歯科大に進んで歯科医になった。よく勉強のできる生徒がそれほど苦労せず、スムーズに歯科医になるパターンだろうか。

かたや恭子さんは、常に「なぜいちばんをとれないのか」と厳しく叱る親の下で育ち、それが窮屈で早く実家を巣立ちたいと思うようになった。親戚に歯科医師がいたり親友の親が医師だったりと、たまたま周囲に医療関係者がいたことや、手先が器用だったことなどで、歯科医という職業を選んだ。

開業してからは二人で力を合わせ、クリニックを運営してきた。二人はとても優秀な歯科医であり、共同経営者であるにもかかわらず、この職業の目標や人生の到達点について深く話し合ったことがない。改めて、これまでの人生を振り返ってもらったところ、二人には大きな試練となる一件があった。

## 理想とする未来、実現したい夢を描き出す

それは、あまりにも忙しくて子どもの相手ができず、子どもを邪険に扱ったことが引き金となって、精神性の疾患《しっかん》を負わせてしまったことだ。

このとき、二人は打ちのめされたという。自分たちが忙しすぎることで、子どもの健康が守れなかった。これでも、患者の健康を守り、疾患を治す医師だろうか、と。子どもに対してもそうだったのだから、同時に、スタッフの健康や快適な職場環境も守ってやれなかったかもしれないと、クリニックのスタッフにも思いを馳せた。

公私ともにおおいに反省した二人は、それまで「患者第一主義」で経営してきたクリニックの方針を、「家族とスタッフ第一主義」に切り替えた。大転換だった。

家族優先、スタッフ優先に切り替えた歴史があったからこそ、いまのように仲がよく、健康な家族や職場になれたのだ。それをじっくり聞かせてもらって、コンサルタントはほとほと感心した。どんな人生にも、大きく歯車が狂う時期もあれば、それを修正することで輝きのある軌跡になることもある。

そんな苦い経験も含めたライフウェイクのセッションを終えたあと、二人は具体的に自分たちのゴール設計に取りかかった。

IP社は、キャリアゴール、アビリティゴール、ドリームゴール、ファミリーゴール、ソーシャルゴールの「五つのゴール」を体系化し、クライアントに対するカウンセリングで活用している(106〜109ページ参照)。担当コンサルタントは、Aさん夫妻をカウンセリングしながら、二人に自分たちならではゴールをつくってもらう。それができないと、資産運用の内容が決まらないからだ。

Aさん夫妻は、人生の目的を決めるまでに一〇カ月ほどをかけた。二人が決めたゴールとは……。

子どもが育つ自由な教育環境をつくり、子どもが自発的に学ぶ、いわば〝二十一世紀版・松下村塾《しょうかそんじゅく》〟（「松下村塾」は、幕末維新期の吉田松陰の私塾）を医院に隣接してつくること。そして、子どもの健康を守るために、歯の教育に力を入れること。

## ゴールを設定したことで変わる現在の働き方や生き方

人生の目的が見つかると、まず、Aさん夫妻は、家を改築して、治療に来ている子ども向けの「歯磨き道場」をつくった。週一回、五、六人の子どもたちを集め、歯がきれいになったら評価が上がる昇段システムの道場をスタートしたのだ。これを、二十一世紀版・松下村塾を目指す第一歩と位置づけた。

クリニックは、もともと予防歯科に力を入れてきたが、さらに子ども中心の医院形態を目指し、虫歯にならないよう、ブラッシングや日頃のケアの啓蒙活動をしている。歯の矯正をする際には、裏側から目立たないようにして、特に子どもにはなるべく器具を使わない方向で施術する。そして、「健康な歯をできるだけ削らない」医療方針も打ち出している。

一方、大人の患者さんには、歯周病予防や「八〇二〇推奨」（八〇歳のときに自分の歯を二〇本以上残そうという厚生労働省の提言）、ホワイトニングに力を注いでいる。

会社員なら、会社が設定した「定年」がひとまずの目処になるだろうが、開業医など自営業には定年がないから、自分で決めるしかない。誠さんは、自分のリタイア時期を「六五歳」と決めた。

歯磨き道場を皮切りに、誠さんが六〇歳から六五歳の間に、〝松下村塾〟を完成させる。子どもが医院を継いでくれるか、あるいは親族以外の誰かに引き継いでもらうかは、現時点ではっきりしないが、今後見極めていけばいいと、おおらかに構えた。

ファミリーゴールも決まった。二人とも旅行が好きで、誠さんは「屋久島に行きたい」、恭子さんは「マチュピチュに行きたい」と、それぞれの夢がある。四半期に一回は旅行に行くことをファミリーゴールに設定し、それに必要な費用も逆算して考えることにした。

ＩＰ社はＡさん夫妻の資産運用を考えるにあたって、国内不動産・海外不動産・国内系積立商品・海外系積立商品の四つを組み合わせ、最適の資産バランスを考えた。このなかから、自分たちのリタイア後の費用として半分、〝松下村塾〟を運営する費用として半分を捻出するための資産形成をしていく。それらをあらかじめ確保しておくので、本業の好不況に影響を受けないし、未来に不安なく、働き続けることができる。

ＩＰ社がかかわる前の資産形成法では、誠さんが六五歳時点で「二億五〇〇〇万円の現金」が残る予定だったが、ＩＰ社がコンサルティングしたファイナンシャルゴールでは四億円になり、しかも四つの資産分散ができた。

具体的な資産運用が始まったあとの二人の毎日は、劇的に変わった。ひたすら働き、年に数えるほどしかない休みの日にはゴルフに行くことだけを楽しみにしていた二人は、この二年で、未来の目的のために働き始めたのだ。

このゴールが決まってから、誠さんと恭子さんは、よい意味での夫婦喧嘩が増えたと話す。

「いままで真剣に本音を言い合うなんてしてこなかったのに、共通のゴールができたおかげで、本音を言い合える夫婦になれました」

二人とも「これからは、夢を具現化できるゴールに向かって一歩ずつ歩いていく」と、とてもうれしそうだ。

このクライアントを担当してきたコンサルタントは、Aさん夫妻に対して常に和《なご》やかに話しやすい環境を提供するように工夫した。「誠先生や恭子先生の心の扉が開いた瞬間に、すっと入っていくようにしました」と、クライアントに伴走するときの気持ちを話す。

Aさん夫妻からは「コンサルタントに会えてよかった」「新しい人生の気づきが得られた」と感謝されている。感謝しているのはＩＰ社も同様なのである。投資の真の目的は、自分の人生を充実させるためであり、それぞれの長い人生のゴールに向かって、夢や理想を実現するためだからだ。

クライアントには、ＩＰ社のカウンセリングを受けてもらい、自分の人生を前向きに考え、最も大切なものを明らかにしていただく。人生の目的を実現するために、最適な投資方法をIP社は提案する。

モノではなく、「生き方に投資する」という、創業以来のビジョンをAさん夫妻も共感し、実践していただいて、IP社自身は心からうれしく思っている。

## 投資に懐疑的な地方の開業医がIP社に興味をもったワケとは

IP社は、大阪で創業したが、クライアントはいまや、全国に広がっている。大阪や東京のオフィスに在籍しているコンサルタントが、北海道や沖縄にお住まいのクライアントとスカイプでミーティングをしたり、各地方のクリニックを訪ねたりするのも、ごくごく当たり前となった。
わが国の経済活動が東京圏への一極集中が進む一方、地方都市では少子高齢化や人口減少の影響によって、地域経済が沈下しつつある。そんな明るい兆しの見えない状況のなかで、病院の経営環境も年々厳しくなっている。それにもかかわらず、ドクター自身の夢や理想を叶えるべく、意欲的に医院経営に邁進《まいしん》するIP社のクライアントを紹介したいと思う。IP社がクライアントの「生き方への投資」に、どのように伴走しているのかもあわせて伝えていきたい。

CASE 02

## 開業医として地域に貢献する。そんな開業当初からのミッションを何があっても守り続ける医師

## 診療報酬一億円の〝スター級開業医〟の密かな悩みとは

Bさんは、福井県下の小さな都市でクリニックを開業して一五年になる歯科医だ。夫の憲治さん（仮名）は五〇歳、妻で四五歳のあゆみさん（仮名）はクリニックの事務業務を担当している。一人息子は中学二年で、そろそろ将来を考え始めるころだ。

憲治さんは愛知県に生まれ、公務員の一家に育った。大学の歯学部で学び、地方にある医大の医局に勤務したのが縁で、その町で開業することになった。先端医療を研究する人を除いては、大学の医局で勤務し続ける歯科医は少ない。憲治さんのように、医局での勤務を経て三十代で開業する人は比較的多く、いわば憲治さんは、開業医として一般的な道を歩んできたといえる。

憲治さんはいま、建物の一階を診療所にして、二階と離れを自宅として使う形態にしている。憲治さんのクリニックは、開業以来すこぶる安定して成長し、現在、年間の診療報酬は一億円を超える。スター級の開業医の一人といってもおかしくない。

ＩＰ社のコンサルタントがいつ訪問しても、クリニックは患者さんであふれている。まるで戦場で働いているような忙しさながら、憲治さんは誠実に患者さんの一人ひとりに対応している。そんな大変な毎日の一方で、ロードバイクに乗ることを趣味とするなど、健康的で意欲的な人生を歩んできた。

憲治さんの年収は四〇〇〇万円、事務を担当している奥様のあゆみさんの年収は六五〇万円。二人合わせて十分な収入があり、傍目には余裕があるように見える。が、年間の納税額は一四〇〇万円を超え、負担はずっしりと肩に重い。予定納税が二〇〇万円、三〇〇万円もある月には、「なんとかならないだろうか」と気が重くなるときもある、と憲治さんはため息をついていた。

目下は繁盛しているクリニックなので、経営は安定している。このペースで働いていれば、数年先までは自分でどれくらいの収入が見込めるかは予測がつく。

問題はそのあとだ。憲治さんが暮らす町の人口は現在、六万人弱で、ここ数年、人口減少に歯止めがかからない。この町の一五年先、二〇年先がどうなるかはまったく予測できない。

人口減少の要因は、若年女性人口の減少と、地方から大都市圏への若者の流出の二点にあるといわれている。日本創成会議・人口減少問題検討分科会は二〇四〇年には全国で八九六の自治体が「消滅可能性」のある都市に該当すると推計した。この根拠は、二〇一〇年から三〇年間での二〇〜三九歳の女性人口にある。つまり出産をするであろう年齢の女性が少ない都市では、遅かれ早かれ人口が減って消滅するだろうと予想減少率を導き出したものだ。

今後の少子化対策と東京一極集中対策がどこまで進むかによって、実際に自治体が消滅するか否かはわからないが、人口が減少すれば、クリニックの患者が減るのは間違いない。そんな環境のなかで、クリニックのトップとして、今後の経営をどう考えるかについては、誰にとっても深刻な課題だ。

## 多忙な職業生活のなかで上がらない金融リテラシー

あくまでも一般論として聞いていただきたいのだが、これまで全国のクライアントに接した感想として、地方都市に住む人は、大都市圏に住む人より資産運用に対する警戒心は強いように思える。貯蓄率自体は高いものの、資産運用には懐疑的で、ひとまず現金を貯めておけばよい、と考えている人が少なくないと感じる。

憲治さん、あゆみさん夫妻も「預貯金は美徳」と考える堅実な夫婦で、資産運用には消極的なタイプである。伝統的なキャッシュ型の資産運用を行い、銀行や郵便局での預金と生命保険の積立だけに頼ってきた。クリニックを大繁盛させているのに、金融に対するリテラシーは低かった。

憲治さんの手元には、およそ七〇〇〇万円の預金があったが、昨今の低金利では、ほとんど利息はつかない。預貯金と生命保険の積立以外に何もしていないことに、やはりどこかで不安を感じていたのだろう。

しかし、「節税しませんか」「こんな運用商品がありますよ」とすすめてくる会社には、どこかで警戒心が働き、具体的には次の一歩に踏み出しかねていた。

それでも、ＩＰ社が選ばれ、コンサルティングをする機会をいただいたのは、憲治さんがとても前向きな性格で、長期的な視点で資産づくりを考えるには、私たちのようなプロに介在してもらうしかないだろうと考えていたからだ。

## 地域経済の環境変化にもかかわらず、安心して開業医を続けるには

憲治さんのように、小さな地方都市で、しかもたった一人で経営しながら、年間の診療報酬が一億円を超えるクリニックは珍しい。開業医として相当の力のある証拠といえる。

憲治さんは、医局の勤務医から開業医となったことで、この地域に密着し、地域の患者さんとの関係をしっかり築いてきた。その結果、患者さんからは「先生に診てもらえるから来院する」と絶大な信頼を得られるようになり、地域の尊敬を集める存在となった。

そもそも憲治さんの仕事の原点は、「地域医療に貢献したい」ということだった。

それはすなわち、憲治さんのビジネスと人生の両方のゴールである。

問題はこの地域の「未来」だ。現在、六万人足らずの町は、この先さらに過疎化が進み、二五年後には、いまより二五％も人口が減少すると見込まれている。憲治さん一人では、人口減少に歯止めをかける取り組みはできない。しだいに患者数が減少し、診療報酬も収益も自ずと減少していく。それを黙って見ているしかない。

夫妻が高齢になれば、いずれはリタイアするか、事業承継をするしかない。現在の経営は順調だが、将来どこかのタイミングでクリニックの経営のスタンスを変えるか、スタッフを解雇しなくてはならないのか……。


まったく手を打たなかったわけではないのだ。憲治さんのクリニックには四台の診療設備があり、常勤のスタッフもいる。憲治さん自身は七〇歳でのリタイアを念頭においているが、これまで少しずつ働き方を変えてきた。

たとえば、若いときは夜遅くまで働いていたが、いまは午後八時には診療が終わるようにしている。また、週休二日制でクリニックを運営しているが、この先はもう少し休日を増やしてもいいと思っている。自分がある程度の年齢になれば、新たな患者はお断りして、穏やかに引退できればいい。そんなふうに、自身とクリニックの将来を段階的に考えていた。

引退をソフトランディングする心構えはできているのだが、最も憲治さんが憂えているのは、「地域医療の質」という問題。人口が減少し、患者さんが減ることで、果たして医療の「質」が担保されるのか、という課題である。

経営者として苦しい立場になっていくのは、何も開業医だけでなく、このような地方都市で事業を行う者にはみな同じだ。が、生命や健康を守る職種に就く者として、いくら環境が変化したからといって、医療の質を落とすわけにはいかない。

小規模な開業医が成り立たなくなれば、利益中心主義の大資本が入ってくる可能性もある。そうしたら、患者への医療の質が自ずから変化するのではないか。

憲治さんはこう話す。

「この地域に根ざして働いてきた歯科医として、効率だけを最優先するビジネスが参入して、地域の人が受けられる医療の質が下がる事態が起きるのは我慢できないんですよ」

地域の課題を解決するために働くことを、歯科医としての自分の使命と考えてきただけに、未来に対する一抹の不安が払拭できないのが悔しい。何より憲治さんが目指してきた、守ってきた、質の高い地域医療ができなくなるのではないか……という点が不安の正体だった。

## キャッシュ型からフロー型へ資産設計をチェンジ

そこで憲治さんは、IP社とパートナーシップを組み、目指すゴールを「いまの地域医療の質を落とさないための資産設計」とした。人口減による事業収入の減少をカバーできる資産運用を目指したのだ。

憲治さんは、リタイア後に毎月六〇万円ほどの収入があれば、悠々自適が可能だと考え、それが叶う程度のキャッシュ中心の資産設計をしてきた。

しかし、今後減少するかもしれないクリニックの売り上げを「補完」するための、資産設計という視点まではもっていなかった。補完できなければ、医療の質を下げないためには、リタイア後の生活設計から持ち出し部分が増えるリスクがある。

そこで、ＩＰ社は、もう少し投資先を広げたり、リスクを取ったり、資産バランスをとってみてはどうかと提案した。憲治さんのライフプランに基づいて投資商品の組み立て方を考え、これまでの「キャッシュ型」の資産設計から「フロー型」のそれに変更して、不動産投資もしてもらうことにした。

現在、憲治さんはマンションを一三戸保有して運用している。将来は管理会社をつくって、安定的に不動産運用を事業化していく予定だ。海外投資や金融商品も初めて検討することにした。

中学生の一人息子が「将来は、医学部に行きたいなぁ」と言い始めたので、それを応援することをファミリーゴールの一つとした。

憲治さんは、「子どもが医者になってくれるのはうれしいが、人口減少が続くこの町で開業しなくてもいい」と、現実的に考えている。息子が生まれたときから暦年贈与として毎年一一〇万円ずつ贈与してきたので、もし医業の道に進むなら、それを開業資金としてくれればいいと考えている。

憲治さんにかぎらず、医師や歯科医など医療の専門職は、ほんとうに自分の職業の目的や社会的使命を厳しく考えて働いている。だが、医療人としての職責を全うするために、どんな資産運用をすればいいのかまではなかなか考えづらいし、目先の忙しさでつい後回しにしてしまう人が多い。

だからこそ、ＩＰ社がクライアントと伴走する意味が大きいと考えている。不安をなくすためだけでなく、夢を叶えるために、自分のミッションを具現化するために、ＩＰ社は、クライアントの生き方に投資するプランニングをサポートできるからだ。

## たくさんの役割を担いながら女性開業医として生きる

二〇一八年、東京の私立医大の一般入試で、女子受験者の得点を一律に減点し、合格者数を抑えていたことが発覚した。受験者への説明がないまま、遅くとも二〇一〇年ごろに、入学者の男女数に恣意的な操作が始まっていたとみられている。

全国の医師数に占める女性医師数の割合は増加傾向にあり、一九・七％（二〇一二年）を占める。若年層における女性医師は増加しており、医学部入学者に占める女性の割合は約三分の一となっている。

女性歯科医師は毎年増えており、総歯科医師数の二一・七％を占める（二〇一二年）。二〇一四年の歯学部入学者のうち、女子学生は四一・六％を占める。

ＩＰ社のクライアントにも、女性の勤務医や開業医は少なくない。彼女たちは、一人の医師として、クリニックの経営者として、意欲的に働くのはもちろんだが、その他に妻として、母として、女性として、いくつもの役割を担い、多様な夢を紡ぎながら、精力的に生きているように見える。

女性の開業医の一人、Ｃさんを担当しているのは、ＩＰ社に転職して五年目になる管理職のコンサルタントだ。彼はもともと、先物取引の仕事をしていたが、「顧客の顔を見ることも、人生にかかわることもまったくできず、ただ単にお金だけの付き合いが続くことに疑問をもったことが、転職の動機となりました」と話す。

思えば私も、不動産会社で収益型不動産のコンサルタントとして働いているときに、たくさんのクライアントに対応しながらも、ほんとうに顧客の幸せになっているのだろうかと常々疑問をもっていた。

不安の回避や目先の節税のためではなく、クライアント自身が幸せに思う人生を実現するために、そのビジョンを描くお手伝いをしたい、そのために必要な資産をどう生み出すか、クライアントとともに考えたい。――それが独立開業のモチベーションとなった。

ＩＰ社は、クライアントとコンサルタントがともに考え、伴走することで、影響し合う側面もある。その点もまた、ＩＰ社の独自性だと考えている。次に、そんな一例をご紹介しよう。

CASE 03

# 医師、妻、母——女性として多様な夢を次々と具体化する敏腕開業医

## 意欲的に働き、多忙を極める女性開業医のケース

Cさんは、開業して一八年目の歯科医で、現在、五三歳。夫は、公務員を退職した六一歳で、悠々自適の生活をしている。二人の間には、大学病院で勤務医をしている二五歳の息子と、高校三年生の娘がいる。仲のよい四人家族だ。

Cさんは、地域に根づきながら働く歯科医である一方、多角化を進める意欲的なビジネスウーマンでもあり、子どもたちを育てながら働くワーキングマザーでもあった。

Cさんが事業の多角化を考えたのは、実は子どもにアレルギー疾患があったことがきっかけだった。子どものためには、どんな食品がよいのだろう、どんな運動をさせたらいいのだろう、歯の噛み方はどうしたらいいのだろう、どんな体格や姿勢ならいいのだろうなど、ほんとうにいろいろ勉強したという。ひとえに子どもの健康を思う母の愛情がなせるわざだ。

こうして勉強を続けるうちに、たくさんの人々の「健康」と「美容」に絞った商売がしたいと思うようになった。それが人生百年の長寿時代に求められるニーズでもあると判断したからだ。

その一環として、まずクリニックで「健康講座」を開催し始めた。いまでは毎回、一〇〇人以上が参加する人気イベントに成長している。

次に、歯科のクリニックにエステティックサロンを併設し、エステティシャンを雇って事業を始めた。後にエステの会社を買収し、これからはエステビジネスへの参入も視野に入れている。

歯科医院の診療報酬は九八〇〇万円で、Cさんの収入は二〇〇〇万円ほど。現役を退職した夫は、年金生活に入っている。時間的にはゆとりのある夫と、まだ現役で忙しい妻。夫婦の時間に、ややずれが生じてきた。子育てからはほぼ手が離れ、妻という役割も母という役割も見直し、これからの人生を再設計しなければならない。

そろそろ、自分たちのリタイア後の生活を準備し始めようとCさんは思った。これまで医師、経営者、妻、母とたくさんの役割を担い、ゆっくり考える時間がなかったからこそ、いまが考えどきだと思い至ったのだ。

## 長期的な視点でキャリアや人生のコンサルティングをしてもらう意味

Cさんは、すでに多角経営をしてきたから、ビジネスをサポートする専門家として、税理士や弁護士などのブレーンはいる。ただ、彼ら士業のアドバイスは、税務面や法律面だけにとどまりがちだ。それは、目先や短期の課題解決にはなっても、人生やキャリアを長期的な視点からどう考えるか、自分自身が実現したい夢や理想をどう実現するか、ファミリーやクリニックの未来を全体的にどう描くかに対するアドバイスには、なかなかなり得なかった。

Cさんは、自分が望むキャリアや人生を実現するために、長期的な視点と資産設計をしなければと思う一方で、資産運用ばかりすすめてくる投資会社には懐疑的だった。信頼のおけるアドバイザーに遭遇していなかったせいでもある。

IP社と接触してからも、担当コンサルタントに心を開くまでには、それなりの時間を要した。一カ月から二カ月かけて最初のコンサルティングを受けてからも、四カ月ほどは「忙しいから」と、なかなか次の面談の機会を与えてもらえなかった。

担当コンサルタントが粘り強くCさんからの返事を待ったのは、どうしてもCさんの夢に伴走したいと思ったからだ。

Cさんは、意欲的で有能なビジネスウーマンである反面、いつも急いで走りすぎてしまうきらいがある。そんなCさんだからこそ、一度じっくり自身の人生を振り返ってもらいたいと思っていた。

「健やかさや美しさにかかわる事業を拡大していきたい」という人生の目的がはっ

きりしているのに、現状の資産運用は的を射ていなかった。Cさんの生き方への投資に該当する資産運用をすすめたいと思っていたから、Cさんが心を開くまで、じっくり待った。

そんなコンサルタントの熱い気持ちが少しずつ伝わり、さまざまな提案にやっと耳を傾けてもらえるようになった。最初に担当コンサルタントがCさんに指摘したのは、「生命保険に入りすぎている」という点だった。

どんなビジネスでも、ある地域で商売をしていると、その地域を担当している生命保険会社や損害保険会社の外交員と知り合ったり、付き合いが始まったりする。なかには、取引をしている金融機関やクリニックの患者さんの紹介で、契約を断りにくい状況に陥ることも考えられる。

経営がうまくいっているときであれば、保険商品をすすめられても、少々のお付き合いだ、必要経費だと割り切って、不要でもつい新しい契約を交わしたり、必要以上の保障額にしてしまったりする。そして、現在のあなた自身に必要不可欠な保険ではない、とアドバイスしてくれる人がいなければ、保険を見直すことはなく、加入したままずっと契約は続いてしまう。

Cさんにも、そんな不要で不向きな保険契約がたくさんあった。「いまが人生の考えどきだ」と思っているのだから、と、これからの人生に必要な保険だけを残して、不要な保険を解約してもらった。

## 心の底にわだかまっていた悩みの解決への道を探る

多角化と事業拡大を目指しているのにキャッシュ中心の貯蓄しかしていないこと、夫の退職金も手つかずで預金していることは、いかにももったいないことかと、担当コンサルタントはCさんに訴えた。せっかく人生の目的があるのに、それに見合った資産設計ができていないのだ。

家族の未来像も、Cさんには懸案事項だった。幸いにも息子は現在、病院に勤めている。いつまで勤務医を続けるか、いつ開業するか、あるいはCさんのクリニックを承継するかはわからないが、将来はほぼ開業医として生きていくだろう。

一方で、高校生の娘の将来はまだ見通せない。「息子に、私のクリニックを引き継いでもらえるとうれしいし、承継できる資産はあるけれど、そうしてしまったら、娘にかけるお金が相対的に少なくなり、同じ子どもなのに不公平になるのが嫌で……」とCさんは悩んでいる。

それならば、「どんな職業に就くかはまだわからないけれど、娘さん用に資金を積み立て、将来に備えておきませんか」と提案した。どんな職業を選んだとしても、「家族の誰もがみな幸せでい続けられる」こと。それがCさんが描いたファミリーゴールだった。

IP社の提案を受け、Cさんは長期安定的な資産形成として不動産投資を始めた。夫の退職金は、海外系積立商品で検討する。Cさんのリタイア時期を七〇歳とし、それまではクリニック経営、健康講座の実施、エステ経営の三本柱を順調に進めるとともに、自分の趣味であるバイオリンのレッスンを続けていく。息子にクリニックを事業承継するときのことを想定して、クリニックの法人化も念頭に入れて準備する。

こうして公私ともにゴールが決まり、それに見合う資産設計が始まると、毎日が楽しく、軽やかになった。

クライアントの理想とする人生を、ＩＰ社のコンサルタントはじっくり聞かせていただくが、そんな濃密な時間を通して、コンサルタント自身もクライアントから随分刺激を受けている。

「健康や美容に関することを事業化するＣさんにお目にかかるとき、私の不健康が指摘されるようでは恥ずかしいので、私自身とても健康を意識して働くようになりました」と担当コンサルタントは話す。彼の顔色はよく、体もスリムにしまっていて、スーツがよく似合う。

ＩＰ社は、クライアントにライフウェイクをしていただき、プライベートな部分までを聞かせてもらうが、同時に、コンサルタント自身もライフウェイクをしているから、自分がどんな人生を歩んできたのか、何を考えているのかをクライアントにさらけ出す。つまり、お互い丸裸の状況でもある。

そんな関係をつくりながら、コンサルタントは、クライアントそれぞれの生き方への投資をコンサルティングする。クライアントが歩む道を、しっかり伴走したいと思っているのである。

# クライアントとコンサルタントはともに影響し合う関係

現在の職業が同じ医師でも、勤務医、開業医、専門医、研究者、教師……などによって、それぞれのキャリアゴールは異なるはずだ。だが、コンサルティングで明らかにするのは、医師という職業の「キャリアゴール」だけではない。

クリニックを、誰に譲るか、いつ事業承継するか、を決めることは経営者として最重要だが、譲ったあとに自分のスキルを生かして何ができるか、「アビリティゴール」も同時に考えたほうがいい。現役からリタイアしたあとに、経営コンサルタントや講演者、執筆者として第二の人生を謳歌することもできる。

夢や目標は、何も仕事にかかわることだけではない。子どものころや若いときから一度はやってみたいと思っていたこと、行ってみたい場所、日頃は忘れていても心の奥底に眠らせてきた夢……。そんな「ドリームゴール」を思い出してみよう。後回しにしてきたことにトライする時期が訪れているのだ。

家族がいるからこそ、ともに楽しみたい「ファミリーゴール」もあるはずだ。これまで忙しくて、じっくり家族と付き合えなかったと思っているなら、少しでも早いうちに、家族とどう過ごすのかも人生の計画に入れておこう。あとで後悔しないために。

才能豊かな人こそ、その才能を社会のために貢献したい、人の役に立ちたいと思うものだ。会社の経営者にも、地域に貢献したり、ボランティアをしたり、財団を設立したり、ＮＰＯを運営したり、公共のために働きたい、人の役に立ちたいと思って活動している人は少なくない。そんな「ソーシャルゴール」を思い描いて実践すると、人生はほんとうに実り豊かなものになる。

職業人としての夢、一社会人としての夢、夫や妻、父や母としての夢、そして自分自身の夢をすべて実現するために、最後にやり残したことや後悔することのない人生にするために、自分がどんな生き方をしたいのか、人生の目的を描こう。

それを実現するために、どんな資産設計が必要なのか、逆算して考え始めよう。きっと漠然とした不安は消え、再設計した人生の目的に向かって、力強く歩いていける。そして、幸福を感じることができるだろう。

それらを的確にサポートすることがＩＰ社の存在理由であり、ＩＰ社のコンサルタントの使命である。


クライアントのみなさんに、それぞれの人生の目的をもって、元気よく自信をもって過ごしていただく。そんな生き方を描けるようコンサルティングし、それに必要な資産を運用するためにサポートする。それがコンサルタントとしての誇りであり、ミッションであり、自分のキャリアのためにも大きなモチベーションになる。

――ＩＰ社のコンサルタントはみな、そんな熱い想いを胸に秘めながら、日々クライアントとともに走り続けている。

# 誰もが明るい未来を描ける世界に

投資する。モノではなく、生き方に。

これは、ＩＰ社が取り組んでいる資産形成コンサルティング事業を端的に言い表した言葉だが、〝生き方〟に投資した先には、幸福に満ちあふれた人生が待っている。現在、ＩＰ社はクライアントに対し、人生の理想のビジョンを描き、その実現のために資産をつくるという新たな投資の魅力を伝え、感動と豊かさに満ちた人生を感じてもらえるよう、日々、邁進している。

いまは、主に開業医の方々を中心にコンサルティングを行っているが、今後はたとえばアスリートや経営者などにも事業を広げることで、彼らのコミュニティーを通じて〝幸福度の高い人〟の輪をさらに大きくしていきたいと考えている。

IP社が提供する資産形成サービスによって、ほんとうにやりたかったことを見つけ、そして挑戦し、目的を達成した人が数えきれないほどたくさんいる……。そんな百年後、二百年後の未来を想像してみてほしい。

人々の心は満たされ、豊かで、好意や善意を多く受け取り、感謝の気持ちも日ごとに増大していく。満たされた心は、家族へ、職場へ、地域社会へとどんどん広がっていき、社会のためによりよい行動をすすんで行う人たちが増えていく——。

そんな素晴らしい未来を少しでも早く実現させるために、私自身もさらなる高みを目指していきたい。たとえば、志が高く、必死に努力をしているものの、お金がないばかりに夢をあきらめざるを得ない状況にあえぐ若者を、後押しするような教育事業に挑戦するなど、人々に貢献できればと思う。

IP社は、そんな未来を夢物語で終わらせるのではなく、絶対実現させるという強い意志で、一人ひとりのクライアントに対し誠実かつ全力でサポートしていきたながら、モノではなく、生き方に投資するという「ほんとうに幸せな投資」が当たり前の社会になるよう、これからも走り続けていきたい。

それが私とＩＰ社が実現したい夢であり、目標だ。実現させた喜びを味わいながら、この世を去ることができれば無上の喜びである。

二〇一九年八月

新しい時代の息吹を感じながら

株式会社インベストメントパートナーズ

代表取締役　川口　一成

〔著 者〕
川口 一成（かわぐち・かずなり）
株式会社インベストメントパートナーズ代表取締役。
1974年、大阪府生まれ。
資産運用コンサルタントとして、主に不動産投資分野で
幅広い活動を行う。
一人でも多くの人が、本当に叶えたい夢の実現のために
生きていける“感動と豊かさに満ちた世界”にすべく、
日々新たなアプローチを模索している。
https://www.ivm-bplan.com

感動と豊かさに満ちた人生にする
ほんとうに幸せな投資

2019年8月21日 第1刷発行

著 者——————川口一成
発行所——————ダイヤモンド社
〒150-8409 東京都渋谷区神宮前6-12-17
http://www.diamond.co.jp/
電話/03-5778-7235（編集） 03-5778-7240（販売）
装丁&本文デザイン——有限会社北路社
編集協力—————古村龍也（Cre-Sea）、鶴見佳子
制作進行—————ダイヤモンド・グラフィック社
印刷・製本————三松堂
編集担当—————花岡則夫
写真・イラスト————LETS PUTK
©iStockphoto.com Tuncay GÜNDOĞDU/phototechno/da-vooda/da-vooda/deberarr/anyaberkut/marchmeena29/liza5450/fbxx/zhaojiankang/Anan Thanakitkotinon


ISBN 978-4-478-10449-1